OLD WORLD ITALIAN
GOOD TO GLOW
Nigel Slater
KISS THE COOK
Quick + Slow
SIMPLE
DEAR MAMA
OTTOLENGHI FLAVOUR
belamandil
CAMBRIDGE
A. V.
PARIS

Für Lola

Laura Koerver

KEEP IT EASY

Unkomplizierte Rezepte für
ein gesundes Leben

INHALT

KEEPING IT EASY ... WHAT IS IT ALL ABOUT? 4

THIS IS ME ... AND MY PHILOSOPHY! 6

TAKE IT EASY ... AND BE CREATIVE! 10

ALL I NEED ... MY KITCHEN EQUIPMENT 12

KITCHEN STAPLES ... THINGS I CAN'T DO WITHOUT 14

KEEPING IT EASY IN THE KITCHEN ... TIPS AND TRICKS 16

BREAKFAST & BRUNCH 20

SALADS & SUMMER PLATES 38

SOUPS 72

WARM BOWLS & PLATES 84

SWEETS & PASTRIES 126

SNACKS & DRINKS 166

THANK YOU 190

REGISTER 193

IMPRESSUM 198

KEEPING IT EASY …

WHAT IS IT ALL ABOUT?

Googelt man die Bedeutung des Wortes „easy“ im Deutschen, so erhält man folgendes Ergebnis:

„Nicht kompliziert, ohne Hindernisse, keine Schwierigkeiten mit sich bringend, keine Probleme, keine Aufregung, mühelos, leicht, einfach, bequem, sorgenfrei, unbekümmert, ruhig, lässig, nachsichtig.“

All dies sind Begriffe, die für mich genau das widerspiegeln, was uns in unserem heutigen Alltag fehlt, wonach wir uns jedoch häufig alle sehnen. Und sollten nicht vor allem unsere Ernährung, das Kochen und das gemeinsame Essen nach einem vollgepackten Tag das sein, was uns diese Gefühle vermittelt?

Am Ende eines langen Tages möchten wir doch alle etwas Unkompliziertes und Schnelles haben, aber auch etwas, das köstlich schmeckt, uns nährt, ankommen lässt, unseren Speicher auffüllt, uns Energie schenkt, uns mit unseren Liebsten zusammenkommen lässt und glücklich macht.

Unser Leben ist voll von Verantwortung, Arbeit, Haushalt und vielen weiteren Verpflichtungen. Gerade deshalb sollte der Moment, in dem wir unser Essen und das für unsere Liebsten zubereiten, um danach zusammen an einem Tisch zu sitzen, uns auszutauschen und gemeinsam ein nahrhaftes und gutes Gericht zu genießen, doch einer sein, auf den wir uns freuen – zum Innehalten, Auftanken und Abschalten. Ein „Reset“, bevor der Alltag wieder beginnt.

Als Mutter eines kleinen Kindes und als Selbstständige kann ich nur allzu gut verstehen, dass dies nicht immer einfach erscheint. Zu groß ist die Angst vor langen Vorbereitungszeiten, endlosen Zutatenlisten und schweren Einkaufstüten. Zu groß der Zweifel am eigenen Talent in der Küche und nicht zuletzt der Wunsch nach einem vorzeigbaren Ergebnis in einer Welt, in der jeder Teller ein ganz nebenbei gekochtes Instagram-Kunstwerk zu sein scheint.

Ich liebe Kochbücher und habe selbst Hunderte im Schrank, die ich immer wieder gern ansehe. Aber die, die ich wirklich im Alltag benutze, sind immer die mit innovativen, aber vor allem unkomplizierten und schnellen Gerichten.

Für mein erstes Buch, „Kiss The Cook“, habe ich Stunden in der Küche verbracht, exotische Zutaten eingekauft, teils aufwendige, umfangreiche kreative Rezepte entwickelt – viele davon nicht für meinen Alltag, sondern für die Speisekarte in *Laura's Deli*. Das Kochen und die Rezeptentwicklung waren mein

Leben – Zeit und Aufwand spielten bei meiner Begeisterung nur eine untergeordnete Rolle.

Doch das sollte sich ändern, als ich Mutter wurde. Auf einmal fehlte es auch mir an Zeit und Energie für ausgedehnte Kochsessions und umfangreiche Einkaufslisten. Auch ich stand plötzlich vor der Frage: Wie kann ich meinen Körper optimal versorgen, um für die neuen Herausforderungen des Alltags gewappnet zu sein? Wie kann ich weiterhin gesund und kreativ kochen und trotzdem nicht vollkommen überfordert an meine Grenzen kommen?

Um diese Balance zu finden, habe ich für mich und auch für euch die Rezepte in diesem Buch entwickelt. Denn gutes Essen muss nicht kompliziert sein.

Die Rezepte in diesem Buch sind vielfältig, nahrhaft und köstlich, stellen aber keine zusätzliche Herausforderung im Alltag dar. Die Gerichte kommen direkt aus meiner Küche, meinem Leben als Selbstständige und Mutter, die oft nicht weiß, wo ihr der Kopf steht zwischen To-dos, zu wenig Schlaf, Perfektionismus und Leistungsdruck.

Ich möchte euch mit diesem Buch etwas an die Hand geben, das euch stärkt, das euch schmeckt, das euch Energie liefert, aber auch wunderschöne gemeinsame Momente in der Küche oder am Esstisch schafft. Die enthaltenen Rezepte sollen euch nicht unter Druck setzen … sie sollen euch und eure Familien und Freunde glücklich machen!

Gutes Essen, schnell und unkompliziert, für alle machbar, aber selbst mit Liebe zubereitet.

In diesem Buch steckt mein ganzes Herzblut. Ich hoffe, es wird auch in eurem Alltag und in eurer Küche einen Platz finden – mit euren Eselsohren, Notizen, Post-its, Saucenflecken und Fingerabdrücken versehen. Und ich hoffe, ihr werdet beim Kochen und Essen genauso viel Freude haben, wie ich sie beim Entwickeln der Rezepte hatte.

Eure Laura ♡

THIS IS ME …

AND MY PHILOSOPHY!

Ich bin Laura! Kochbuchautorin, Gründerin des Health-Food-Konzepts *Laura's Deli*, das ich Ende letzten Jahres verkauft habe, und Mutter einer dreijährigen Tochter.

Ich habe weder das Kochen noch die Arbeit in der Gastronomie je professionell erlernt. Ich komme nicht aus einer Familie, in der viel oder aufwendig gekocht wurde, und ich habe bis vor einigen Jahren nicht einmal besonders großen Wert auf meine Ernährung gelegt. Doch das alles änderte sich, als ich vor neun Jahren mein Leben umgekrempelt habe. Ich machte das Thema „Gesunde Ernährung“ sowie das Kochen vielfältiger, bunter, nährstoffreicher Gerichte, die nicht nur satt und glücklich, sondern auch langfristig fit machen, nicht nur zu meiner Leidenschaft, sondern zu meinem Beruf.

Damals wurde mir klar, dass sich in meinem Leben etwas ändern musste. Nach dem Studium der Publizistik- und Kommunikationswissenschaft verschlug es mich in die Mode- und Marketingbranche nach Berlin. Ich liebte meinen Job, aber auch das Nachtleben. Ich hatte zu wenig Schlaf, zu wenig Ruhephasen und auch zu wenig Zeit für nährstoffreiche, vollwertige Mahlzeiten. So geriet ich in einen geschwächten Zustand, hangelte mich von einem Infekt zum nächsten, war müde und kraftlos, hatte starke Magenschmerzen und das Gefühl, dass mein Körper mit der Lebensfreude und der Energie, die ich eigentlich in mir trage, einfach nicht mehr mithalten konnte.Ich ließ meine Blutwerte testen und hörte aufgrund von diagnostizierten Unverträglichkeiten immer wieder den Rat, auf Gluten und Milchprodukte zu verzichten. Zunächst erschien mir dies unmöglich, aber schließlich begann ich, mich intensiv mit meiner Ernährung auseinanderzusetzen.

Der Verzicht auf Gluten und Kuhmilch führte unweigerlich dazu, dass ich anfing, weniger essen zu gehen und mehr selbst zu kochen. Ich kochte mit frischen Biozutaten und las sämtliche Literatur zum Thema „Clean Eating“, einem damals vollkommen neuen Konzept. Ich kaufte zu dieser Thematik jedes Kochbuch, das mir in die Hände fiel und meist aus den USA oder England stammte, und fing an, mich so sehr für diese Ernährungsphilosophie zu begeistern, dass ich nicht nur auf Gluten und Milchprodukte, sondern innerhalb kurzer Zeit automatisch auch weitestgehend auf Industriezucker, Fertigprodukte, hochindustriell verarbeitete Lebensmittel und Dinge verzichtete, die mir offensichtlich nicht guttaten. Mein Befinden wandelte sich um 180 Grad. Nicht nur wurde ich körperlich deutlich fitter, wacher und war voller Energie, sondern ich war auch mental stärker, motivierter und vor allem glücklicher. Eindeutig spiegelte sich die Art, wie ich mich ernährte, eins zu eins in meinem Wohlbefinden wider. Ich experimentierte, recherchierte, testete und reiste, um meine persönliche Formel für dieses Powerfood weiterzuentwickeln, und konnte mir eine andere Art der Ernährung bald gar nicht mehr vorstellen.

Auch wenn ich heute wieder Milchprodukte und Gluten in meinen Speiseplan integrieren kann, ist mir vollkommen klar geworden, dass eine gesunde Ernährung dich nährt, stärkt, mit Energie versorgt und trotzdem voller Geschmack, Vielfalt und Möglichkeiten sein kann. Gutes Essen liefert dem Körper alle Nährstoffe, die er braucht, um optimal zu funktionieren; gutes Essen hält uns gesund, aber es macht uns auch glücklich! Denn wer sich in seinem Körper wohlfühlt, sein volles Potenzial ausschöpfen kann, genügend Energie für die Herausforderungen des Alltags hat und gleichzeitig noch genießen sowie in herzlicher Gesellschaft essen kann, ist glücklich.

Gesundes Essen war damals in Deutschland in den Köpfen der meisten Menschen mit Dogmen und Verzicht verbunden. Es beschränkte sich in der öffentlichen Wahrnehmung auf Körner, Obst und Gemüse, war nicht sexy und vielfältig, sondern langweilig, einseitig und vor allem frei von gutem Geschmack und Genuss. Ich war überzeugt: Diese Wahrnehmung muss sich ändern! Modernes Powerfood war in meinen Augen so viel mehr und so reich an Aromen, Farben und Zutaten, dass ich nicht anders konnte, als meine Begeisterung mit anderen zu teilen und mein Verständnis von einer modernen gesunden Ernährung in die Welt hinauszutragen.

Ich reiste nach New York, um zu recherchieren, welche gastronomischen Konzepte bereits damals mit einem gesunden Lifestyle die Herzen der urbanen Zielgruppe gewannen. Grüne Smoothies, kalt gepresste Säfte, Kale Salad, Avocado Toasts und Hafermilch-Cappuccino waren in den USA bereits ein Hype, als in Deutschland noch die Meinung vorherrschte, dass gesunde Ernährung weder cool noch schmackhaft sein könne.

Ich kam zurück nach Berlin, kündigte meinen Job, zog für ein paar Monate nach London, erlernte dort in einem Raw Food Restaurant die wichtigsten Grundbausteine des Kochens mit natürlichen Zutaten und entwickelte die Idee von meinem eigenen Health Food Restaurant in Deutschland. Ich kochte, testete, entwickelte Rezepte, Ideen und schließlich ein Konzept, dann eröffnete ich mein Restaurant *Laura's Deli* in meiner Heimatstadt Düsseldorf. Es schlug ein wie eine Bombe! Zum Glück! Heute würde ich mich das wahrscheinlich nicht mehr trauen, aber damals konnte mich nichts aufhalten.

Zwei Jahre später folgte mein erstes Kochbuch, „Kiss the cook", und immer mehr Menschen entwickelten ähnliche Konzepte. Das Thema „Gesunde Ernährung als Lifestyle" war auch aus Deutschland nicht mehr wegzudenken.

Für mich gab es nichts Schöneres, als zu sehen, dass meine Ideen und mein Essen die Menschen glücklich machten. Viele Jahre lang stand ich selbst hinter der Theke in meinem Deli. Ich habe viele begeisterte Gesichter gesehen und herzliches Feedback zu dem bekommen, was ich den Menschen mit meinem Essen an Lebensqualität, Ideen für die eigene Küche, Energie und Genuss mitgeben konnte. Eine Erfahrung, die mich noch heute motiviert, diesen Weg weiterzugehen.

Ich kann aus eigener Erfahrung sagen, wie wichtig es ist, dass wir lernen, auf unseren Körper zu hören. Dass wir sensibel dafür werden, wie es uns geht, nachdem wir dieses oder jenes gegessen haben, dass wir uns die Frage stellen, was uns voranbringt und glücklich oder müde, krank und im Zweifel sogar depressiv macht. Dies ist sicherlich sehr individuell, und ich möchte mich nicht festlegen, welche Lebensmittel gesund oder ungesund sind, da jeder Körper die Dinge unterschiedlich annimmt und verstoffwechselt.

Sicher bin ich mir jedoch, dass es das Beste für jeden von uns ist, möglichst natürliche, reine Produkte zu essen, die nicht stark industriell weiterverarbeitet werden oder mit Pestiziden und Antibiotika verseucht sind. Dass wir die Gerichte, die wir essen, so häufig wie möglich mit unseren eigenen Händen zubereiten, dass wir sie vielfältig kombinieren und eine ausgewogene Mischung aus Ballaststoffen, Proteinen, Vitaminen, Mineralstoffen und gesunden Fetten schaffen. Dass wir hauptsächlich frisches saisonales Gemüse essen und Fleisch sowie Fisch aus artgerechter Haltung und guter Herkunft beziehen – der Gesundheit, den Tieren und der Umwelt zuliebe. Dass wir uns für natürliche Alternativen zum Industriezucker entscheiden, wenn es möglich ist, und uns so eine Basis schaffen, die uns gestärkt durchs Leben gehen lässt – ohne dabei allzu dogmatisch zu sein. Weil das Leben ohne gelegentliche Ausnahmen doch langweilig wäre. Ein fitter, gesunder Körper verkraftet durchaus auch ein gutes Croissant, einige Gläser guten Wein oder eine nicht ganz so glutenfreie, aber köstliche Pasta. Alles Dinge, auf die auch ich nicht verzichten möchte und die für mich zu einem gesunden, glücklichen Leben genauso dazugehören wie eine solide Basis durch eine nährstoffreiche, natürliche Ernährung an den meisten Tagen der Woche.

TAKE IT EASY ...

AND BE CREATIVE!

Dieses Buch soll in erster Linie Spaß machen.

Mit dem Titel „Keep it easy" möchte ich nicht nur inhaltlich unkomplizierte Rezepte, sondern auch einen entspannten und unbeschwerten Umgang mit den Themen „Kochen" sowie „Gesunde Ernährung" vermitteln.

Meine Rezepte sollen euch inspirieren, aber keinesfalls zum Perfektionismus verleiten. Deshalb hier ein paar Anregungen, wie dieses Buch zu benutzen ist:

1. Sollten euch einzelne Zutaten für die Rezepte fehlen oder nicht schmecken, fühlt euch frei, diese ganz nach eurem Empfinden auszutauschen oder wegzulassen.

2. Die Intensität von würzenden Zutaten wie Salz, Pfeffer und Chili empfindet jeder sehr individuell. Probiert die Gerichte, bevor ihr sie esst oder serviert, und würzt sie nach Lust und Laune nach.

3. Fast alle meine Rezepte sind glutenfrei, viele sind vegan oder frei von Kuhmilch, alle sind frei von Industriezucker und Weißmehl. Ich persönlich fühle mich mit dieser Art der Ernährung am besten und fittesten, mache aber auch Ausnahmen. Ob ihr euch strikt an die Rezepte haltet oder die Zutaten an eure Ernährungsprinzipien anpasst, überlasse ich natürlich euch.

4. Ich kaufe alle meine Zutaten möglichst in Bioqualität, da ich davon überzeugt bin, dass unbehandelte Produkte, frei von Chemie und Pestiziden, sowie glückliche Tiere, frei von Angst und Antibiotika, am gesündesten für uns und für unseren Planeten sind. Dies betrifft auch fertige Zutaten wie Brühe, Currypaste etc., die ich in diesem Buch bewusst nicht selbst angesetzt habe, um euch die Zubereitung der Gerichte zu erleichtern. Im Biomarkt bekommt ihr auch solche Zutaten ohne unnötige Zusatzstoffe.

ALL I NEED ...

MY KITCHEN EQUIPMENT

KÜCHENMASCHINE/ FOOD PROCESSOR

Während sich der Mixer besser für flüssige Konsistenzen eignet, ist die Küchenmaschine ein Gamechanger für alles, was gehackt, zerkleinert und gemischt werden muss. Sie eignet sich nicht nur für die Zubereitung von Salsas und gröberen Saucen, sondern vor allem auch für das Zerkleinern trockener Zutaten und für Backrezepte.
Eine große Küchenmaschine kann natürlich alles, nimmt in der Küche aber auch recht viel Platz ein. Ich besitze nur eine Mini-Küchenmaschine und habe mit dieser auch alle Rezepte in diesem Buch entwickelt. Sie nimmt kaum Platz weg und ist finanziell keine große Anschaffung, reicht aber vollkommen aus und ist für viele Rezepte ein unverzichtbarer Helfer.

MESSLÖFFEL

Wer in die Schublade schaut, merkt schnell, wie unterschiedlich groß Löffel sein können. Im Küchenfachhandel oder online gibt es genormte Löffel in allen gängigen Größen (Esslöffel, Teelöffel, Milliliter, Gramm), die es kinderleicht machen, mit diesen kleinen Einheiten mengengenau zu kochen und zu backen.

KÜCHENWAAGE

Eine digitale Küchenwaage, die auch kleine Mengen wiegt, ist unverzichtbar, um vor allem beim Backen schnell und unkompliziert die richtigen Zutatenmengen zusammenzufügen.

MANDOLINE/REIBE

Eine feine und eine grobe Reibe von guter Qualität sind bei mir ständig im Einsatz, um Zutaten wie Ingwer, Parmesan, Zitronenschale, Radieschen oder Fenchel individuell zu zerkleinern oder fein zu reiben.

HOCHLEISTUNGSMIXER

Ein hochwertiger, leistungsstarker Mixer ist eine Investition, die sich definitiv lohnt. Ich nutze ihn für Smoothies, Suppen und Saucen und könnte in meiner Küche niemals darauf verzichten.
Darüber hinaus ist die Anschaffung eines kleineren kompatiblen Aufsatzes zusätzlich zum großen Standardbehälter sinnvoll, um kleinere Mengen oder trockene Zutaten zu mixen.

KITCHEN STAPLES ...

THINGS I CAN'T DO WITHOUT

ÖLE & FETTE

Avocadoöl
Bratolivenöl
Butter
Ghee
Kokosöl
mildes Kokosöl (geschmacksneutral)
natives Olivenöl extra
Sesamöl

ESSIG

Apfelessig
Balsamico bianco
Granatapfelbalsamico
Reisessig
Rotweinessig
Sherryessig
Weißweinessig

SAUCEN & MUS

Tamari (glutenfreie Sojasauce) oder Kokos-Aminos (geschmacklich ähnlich wie Sojasauce, aber auf Kokosbasis ohne Soja)
Cashewmus
grobes und feines Erdnussmus
weißes Mandelmus
helle Misopaste
weißes Tahin

AUS DOSEN, GLÄSERN & TUBEN

Cannellini-Bohnen
schwarze Bohnen
Kidneybohnen
Kichererbsen
Dosentomaten (vorzugsweise San Marzano)
getrocknete Tomaten in Olivenöl
Tomatenmark
Kapern
Sardellen in Olivenöl
feiner und grobkörniger Dijon-Senf
Mayonnaise oder vegane Mayonnaise

REIS, HÜLSENFRÜCHTE & MEHL

Basmatireis
schwarzer Reis
Vollkornreis (Sorte Arborio)
Vollkornreisnudeln
Buchweizen, als Korn und gemahlen
Quinoa, als Korn und gepufft
Linsen (Sorten Dal, Berg, Beluga)
feine Haferflocken (glutenfrei)
kernige Haferflocken (glutenfrei)
Hafermehl
Kokosmehl
Maisstärke
Mandelmehl
gemahlene Mandeln

NÜSSE & SAMEN

Cashewkerne
Erdnüsse
Haselnüsse
Kokoschips
Kokosflocken
Mandeln
Paranüsse
Pecannüsse
Walnüsse
Kürbiskerne
Sonnenblumenkerne
Chiasamen
Hanfsamen
helle und dunkle Sesamsamen
Flohsamen oder Flohsamenmehl
Leinsamen oder Leinsamenmehl

SÜSSUNGSMITTEL

Ahornsirup
Apfelmark
Cranberrys
Medjool-Datteln
Dattelsirup
Honig
Kokosblütenzucker
Sultaninen
Zartbitterschokolade
Zartbitterschokoladenchips/-tropfen

BRÜHEN & GEWÜRZE & KRÄUTER

Gemüsebrühe
Hühnerbrühe
Cayennepfeffer
Chiliflocken
Chilipulver
Currypulver
Fenchelsamen
Ingwerpulver
Kardamomkapseln
Koriandersamen
Kreuzkümmelsamen
Kurkumapulver
Meersalz/Himalayasalz
Meersalzflocken
edelsüßes Paprikapulver
geräuchertes Paprikapulver
rosenscharfes Paprikapulver
schwarzer Pfefferkörner
Senfsamen
Sumach (Essigbaumgewürz)
gemahlene Vanille
Vanilleextrakt
Vanilleschoten
Zimtpulver
getrockneter Oregano
getrockneter Rosmarin

SUPERFOODS

Acaipulver
Ashwagandhapulver
Baobabpulver
Chlorellapulver
pflanzliches Proteinpulver
Reishipulver
Spirulinapulver

PFLANZLICHE MILCHALTERNATIVEN

Haferdrink
Kokosmilch
Kokoswasser
Mandeldrink
Cashewjoghurt
Haferjoghurt
Kokosjoghurt

MILCHPRODUKTE

Naturjoghurt
griechischer Joghurt
Schafsjoghurt
Feta
Büffelmozzarella

BACKHELFER

Backpulver
Natron
Rohkakao

GEFRORENES OBST & GEMÜSE

Bananen
Beeren
Kirschen
Mango
Erbsen
Spinat

… UND NATÜRLICH FRISCHES OBST UND GEMÜSE NACH SAISON

KEEPING IT EASY IN THE KITCHEN ...

TIPS AND TRICKS

AVOCADO ADVICE

Avocados lassen sich am schnellsten, stressfreiesten und ohne schmutzige Hände in der Schale schneiden. Einfach halbieren, entsteinen und in der Schale in Streifen oder Würfel schneiden, anschließend mit einem Esslöffel aushöhlen und direkt mit dem Löffel auf dem Teller platzieren.
Legt man reife Avocados in der Schale in einer verschlossenen Aufbewahrungsbox im Kühlschrank in Wasser ein, halten sie ihren Reifezustand für mehrere Wochen. So muss man sich keine Gedanken mehr darüber machen, alle reifen Avocados gleich verbrauchen zu müssen, sondern kann die Früchte schon mit dem gewünschten Reifegrad einkaufen und konservieren.
Halbe Avocados halten sich ebenfalls länger und werden kaum braun, wenn man sie mit der Schnittfläche nach oben in ein Schälchen mit Wasser legt und im Kühlschrank abgedeckt aufbewahrt.

MESS-FREE POMEGRANATES

Granatäpfel zu schälen und auszuhöhlen schreckt viele ab, weil sie sich vor der Spritzerei in der Küche fürchten. Ich schneide den Granatapfel in zwei Hälften, fülle eine große Schüssel mit Wasser, stelle sie ins Spülbecken und breche die Hälften in der Wasserschüssel mit den Händen in Viertel. Die meisten Kerne lösen sich beim Aufbrechen von selbst, die anderen befreie ich unter Wasser von der Schale und den kleinen weißen unerwünschten Hautstückchen, die die Kerne umschließen. Die weißen Teilchen steigen automatisch an die Wasseroberfläche, während die schweren Kerne zu Boden sinken.
Schöpft man die weißen Teilchen nun mit einem Schaumlöffel ab, kann man den Inhalt der Schüssel ganz einfach in ein Sieb abgießen und behält im Sieb nur die sauberen Granatapfelkerne zurück, ohne dass die Küche schmutzig geworden wäre.

SAVE YOUR DATES

Datteln, die längere Zeit aufbewahrt wurden und an Feuchtigkeit verloren haben, wirken oft zu hart, um sie noch zu verwenden. Legt man sie kurz in Wasser ein, werden sie wieder schön weich und sind ohne Probleme weiter verwendbar.

THE PERFECT DRESSING

Zum Mixen von Salatdressings verwende ich einen elektrischen Hand-Milchaufschäumer. Die Dressings werden beim Durchmixen wunderbar cremig und die Zutaten verbinden sich viel besser als durch das Rühren per Hand.

KEEP YOUR BLENDER CLEAN

Nach dem Zubereiten von cremigen Saucen oder Smoothies kann ein Standmixer ganz schön schmutzig sein. Um mir die Spülarbeit zu erleichtern, fülle ich ihn mit warmem Wasser sowie einigen Tropfen Spülmittel und lasse ihn mit hoher Umdrehung einmal durchlaufen. Anschließend lassen sich die Reste ganz einfach unter fließendem Wasser abspülen.

FREEZE YOUR BANANAS

Für Smoothies und Nicecream eignen sich gefrorene Bananen wesentlich besser als ungefrorene. Sie geben dem Endprodukt eine cremige Konsistenz und hinterlassen keinen muffigen, pappigen Beigeschmack.
Zusätzlich hat man so die Möglichkeit, die Bananen einzufrieren, wenn sie genau den richtigen Reifegrad erreicht haben, und muss ihnen nicht beim Braunwerden zusehen.
Um die Bananen einzufrieren und sie dennoch gut mixen zu können, schäle ich sie, schneide sie in etwa einen Zentimeter breite Stücke, lege sie nebeneinander in einen Gefrierbeutel und friere sie darin flach liegend ein, damit sie nicht zusammenkleben.
Beeren, Mangos und Kirschen kaufe ich gern gefroren. Sie haben immer den perfekten Reifegrad und enthalten alle Vitamine.

SPEED UP YOUR BUTTER GAME

Butter erreicht schneller Zimmertemperatur, wenn man ihre Oberfläche vergrößert. Hat man vergessen, die Butter zeitig aus dem Kühlschrank zu nehmen, um sie auf Zimmertemperatur zu bringen, schneidet man sie am besten direkt in acht bis zehn Streifen. Sie wird so ruckzuck weich und zum Backen verwendbar.

DON'T QUENCH YOUR EGGS

Schreckt man gekochte Eier mit kaltem Wasser ab, kühlt man sie damit oft gleichzeitig unbeabsichtigt aus und durch mögliche kleine Risse in der Schale, die das kalte Wasser verursachen kann, macht man sie empfänglicher für Keime. Legt lieber beim Kochen einfach eine Scheibe Zitrone mit ins Wasser. Die Eier lassen sich so noch besser pellen und kommen trotzdem heiß auf den Tisch.

POACH YOUR EGGS EASILY

Wer sich mit dem Pochieren von Eiern im Kochtopf nur mithilfe eines Wasserstrudels schwertut, kann das Ei auch zuvor vorsichtig in einen kleinen Gefrierbeutel aufschlagen, diesen über dem Ei mit einer Klemme

verschließen, das Ei im Beutel ins siedende Wasser stellen und dort vier bis fünf Minuten garen. Man erhält so ganz sicher ein vorzeigbares Ergebnis und kann auch easy mehrere Eier gleichzeitig pochieren.
Wer sein Ei im Wasserstrudel ohne Beutel pochieren, aber das Ergebnis optimieren möchte, schlägt es vor dem Pochieren vorsichtig in ein feines Küchensieb auf. Der flüssigste Teil des Eiweißes, der bei pochierten Eiern oft unschön aussieht, fließt durch das Sieb, und mit dem Rest gelingt ein kompaktes, perfekt pochiertes Ei.

PEEL YOUR POTATOES WITHOUT A PEELER

Um das lästige Schälen von Kartoffeln mit dem Schälmesser zu umgehen, kann man sie nach wenigen Minuten im kochenden Wasser in Eiswasser abschrecken und die Schale anschließend von der Mitte aus ganz einfach mit den Händen zu den Seiten hin herunterziehen. Danach kommen die Kartoffeln einfach wieder zurück ins kochende Wasser, bis sie gar sind.

EASILY SCOOP OUT SQUASH SEEDS

Ein roher Kürbis lässt sich am einfachsten mit einem Eisportionierer entkernen. Die Kanten sind schärfer als die eines herkömmlichen Löffels und gleiten so leichter durch die harte Oberfläche.

PEEL YOUR GINGER WITH A SPOON

Beim Schälen von Ingwer mit dem Küchenmesser geht oft viel zu viel vom Fleisch der Gewürzpflanze verloren. Ohne großen Verlust lässt sich der Ingwer ganz einfach mit einem Teelöffel schälen.

BALL UP YOUR PARCHMENT PAPER

Ich verwende zum Backen und Rösten auf dem Blech im Ofen für alle Gerichte Backpapier, um mir das lästige Spülen der festgebackenen Rückstände auf dem Backblech zu ersparen. Damit sich das Backpapier beim Ausbreiten auf dem Blech nicht immer wieder in seine Ursprungsform zusammenrollt und einen damit schon vor dem Kochen in den Wahnsinn treibt, kann man es zunächst einmal zerknüllen. Breitet man es nun wieder aus, rollt es sich nicht mehr zusammen.

ED RUSCHA
LOS ANGELES APARTMENTS

BREAKFAST
&
BRUNCH

VEGANES & GLUTENFREIES

BIRCHERMUESLI

Zutaten für 2 Portionen

40 G MEDJOOL-DATTELN
200 ML MANDELDRINK
120 G KERNIGE HAFERFLOCKEN (GLUTENFREI)
SAFT VON 1 ORANGE
2 EL CHIASAMEN
2 EL BLÜTENHONIG
½ TL GEMAHLENE VANILLE

TOPPING
1 ORANGE
2 EL GERÖSTETE MANDELN
2 EL MANDELMUS

Zubereitung

Die Datteln entsteinen, fein hacken und mit den übrigen Zutaten für die Müslibasis gut vermischen. Mindestens 1 Stunde oder über Nacht abgedeckt in den Kühlschrank stellen.

Wenn es durchgezogen und cremig ist, das Müsli aus dem Kühlschrank nehmen, etwa ein Viertel der Mischung fein pürieren und zurück zum übrigen Müsli geben.

Das Müsli auf Schalen verteilen oder die Hälfte für den nächsten Tag zugedeckt im Kühlschrank aufbewahren.

Die Orange so großzügig schälen, dass auch die weiße Haut mit entfernt wird. Die Filets zwischen den einzelnen Trennhäuten herausschneiden. Die Mandeln grob hacken und mit den Orangen auf dem Müsli verteilen. Das Mandelmus darüberträufeln (Abbildung S. 25 oben rechts).

Tipp

Das Birchermüsli lässt sich sehr gut schon am Wochenende für die nächsten Tage vorbereiten. Mit dieser Basis startet ihr ganz ohne Stress in die neue Woche. Beim Topping könnt ihr täglich ganz nach Geschmack variieren.

PORRIDGE

MIT RHABARBER & ORANGE

Zutaten für 1 Portion

70 G FEINE HAFERFLOCKEN (GLUTENFREI)
200 ML MANDELDRINK
½ TL VANILLEEXTRAKT
1 EL AHORNSIRUP

TOPPING
3–4 STANGEN RHABARBER
ABGERIEBENE SCHALE VON ½ BIO-ORANGE
1 EL KOKOSBLÜTENZUCKER

AUSSERDEM
1 ORANGE ODER BLUTORANGE
10 UNGESALZENE PISTAZIEN
½ TL KOKOSBLÜTENZUCKER

Zubereitung

Die Zutaten für den Porridge in einen Topf geben und bei mittlerer Hitze zum Kochen bringen. Rühren, bis ein cremiger Haferbrei entsteht.

Für das Topping den Rhabarber waschen, putzen nach Belieben entfädeln und in etwa 1 cm breite Stücke schneiden. Rhabarber und Orangenschale mit dem Kokosblütenzucker und 100 ml Wasser in einem Topf aufkochen und etwa 10 Minuten köcheln lassen, bis der Rhabarber weich ist und leicht zerfällt.

Inzwischen die Orange so großzügig schälen, dass auch die weiße Haut mit entfernt wird. Die Filets zwischen den einzelnen Trennhäuten herausschneiden. Die Pistazien grob hacken.

Den Porridge in einer Schale anrichten und mit dem Rhabarberkompott toppen. Die Orangenfilets und die Pistazien darauf verteilen und mit dem Kokosblütenzucker bestreuen (Abbildung S. 25 Mitte).

Tipp

Anstelle von Mandeldrink könnt ihr euren Porridge natürlich auch mit jeder anderen pflanzlichen oder tierischen Milch zubereiten. Das gilt selbstverständlich auch für alle anderen Rezepte aus diesem Buch.

CREAMY BROWN RICE PORRIDGE

MIT ZIMT, INGWER & HONIGÄPFELN

Zutaten für 2 Portionen

MÜSLIBASIS

1 TASSE VOLLKORNREIS (ARBORIO ODER BRAUNER RUNDKORNREIS)
2 TASSEN MANDELDRINK ODER HAFERDRINK
½ TL ZIMTPULVER
½ TL VANILLEEXTRAKT
1 MEDJOOL-DATTEL
2 EL SULTANINEN
1 EL AHORNSIRUP

HONIGÄPFEL

2 ÄPFEL
½ TL ZIMTPULVER
1 HASELNUSSGR. STÜCK INGWER
1 TL HONIG

TOPPING

2 EL WALNÜSSE
2 TL MANDELMUS

Zubereitung

Den Reis mit Mandeldrink, Zimt und Vanille in einen Topf geben und zugedeckt bei mittlerer Hitze 40 Minuten köcheln lassen. Zwischendurch umrühren und gegebenenfalls etwas mehr Flüssigkeit hinzufügen, falls der Reis zu trocken wird. Er soll eine cremige Konsistenz behalten.
Die Dattel entsteinen, fein hacken und mit den Sultaninen ebenfalls in den Topf geben.

Für die Honigäpfel etwa 50 ml Wasser in einem Topf erhitzen. Die Äpfel schälen, entkernen, würfeln und mit dem Zimt in den Topf geben. Den Ingwer reiben und ebenfalls hinzufügen. Alles 10 Minuten köcheln lassen.

Für das Topping die Walnüsse grob hacken und etwa 5 Minuten in einer kleinen Pfanne oder im Ofen bei 150 °C Ober-/Unterhitze etwa 10 Minuten rösten. Man kann sie aber auch ungeröstet verwenden.

Den Reis vom Herd nehmen, den Ahornsirup unterrühren und den Reisporrigde warm in Schalen füllen. Falls er nicht cremig genug ist, vorher noch ein wenig Mandeldrink unterrühren.

Die Äpfel vom Herd nehmen, den Honig unterrühren und die Zimtäpfel auf dem Reis platzieren. Mit je 1 TL Mandelmus und den Walnüssen toppen und warm servieren.

BUCKWHEAT, CASHEW & CINNAMON GRANOLA

MIT ZIMTPFLAUMEN

Zutaten für 1 Blech

200 G HAFERFLOCKEN (GLUTENFREI)
200 G BUCHWEIZEN
120 G CASHEWKERNE
100 G KOKOSCHIPS
100 G KOKOSBLÜTENZUCKER
3 EL ZIMTPULVER
120 ML AHORNSIRUP
80 ML KOKOSÖL
2 EL VANILLEEXTRAKT

ZIMTPFLAUMEN
8 PFLAUMEN
1 HASELNUSSGR. STÜCK INGWER
2 EL AHORNSIRUP
1 TL ZIMTPULVER

AUSSERDEM
200 G GRIECHISCHER JOGHURT ODER VEGANER JOGHURT PRO PORTION

Zubereitung

Den Ofen auf 160 °C Ober-/Unterhitze vorheizen. Die trockenen Zutaten für das Granola in einer Schüssel vermischen, die flüssigen Zutaten miteinander verrühren und anschließend beides vermengen.

Die Mischung auf einem mit Backpapier ausgelegten Blech verteilen und im Ofen auf der mittleren Schiene 25 Minuten rösten. Zwischendurch dreimal wenden. Anschließend abkühlen lassen.

Inzwischen für die Zimtpflaumen die Früchte waschen, halbieren und entsteinen. Den Ingwer schälen und fein reiben. In einem kleinen Topf 5 EL Wasser zum Kochen bringen und die Pflaumen mit den anderen Zutaten dazugeben. Die Pflaumen bei schwacher Hitze 10 bis 15 Minuten köcheln lassen, bis sie weich sind und die Flüssigkeit weitgehend verkocht ist.

Den Joghurt in eine Schale geben, eine Portion Granola darauf verteilen und die warmen Pflaumen darübergeben. Das übrige Granola in einer luftdichten Box oder einem Glas mit Schraubdeckel aufbewahren.

KALE BENEDICT

MIT AVOCADO-HOLLANDAISE & SAVOURY GRANOLA

Zutaten für 2 Portionen

8 STIELE GRÜNKOHL
4 EL OLIVENÖL
1 SPRITZER ZITRONENSAFT
MEERSALZ UND PFEFFER

HOLLANDAISE
200 G AVOCADOFRUCHT-FLEISCH
160 ML OLIVENÖL
1 TL APFELESSIG
2 TL ZITRONENSAFT
½ TL MEERSALZ

TOPPING
2 EIER
4 EL SAVOURY GRANOLA (SIEHE S. 181)

Zubereitung

Für den Grünkohl den Ofen auf 175 °C Umluft vorheizen.

Die Zutaten für die Avocado-Hollandaise in den Hochleistungsmixer geben und mit 100 bis 120 ml kochendem Wasser etwa 2 Minuten cremig mixen.

Den Grünkohl von den Stielen befreien, waschen, trocknen, in Stücke zupfen und in eine Schale geben. Olivenöl, Zitronensaft sowie je 1 Prise Salz und Pfeffer hinzufügen und die Marinade mit den Händen in den Grünkohl einmassieren.

Ein Blech mit Backpapier auslegen, den Grünkohl darauf verteilen und im Ofen auf der mittleren Schiene 10 Minuten rösten. Nach 5 Minuten wenden. Inzwischen die Eier 6 Minuten wachsweich kochen, abschrecken und pellen.

Den knusprigen Grünkohl auf einem Teller verteilen, die Eier halbieren und darauf anrichten. Die Avocado-Hollandaise großzügig darüberträufeln und das Savoury Granola aufstreuen.

POACHED EGGS

AUF GERÖSTETEM BROKKOLINI MIT KRÄUTERSALSA

Zutaten für 2 Portionen

BROKKOLINI

4 EL BRATOLIVENÖL
1 TL CURRYPULVER
MEERSALZ UND PFEFFER
220 G WILDBROKKOLI

SALSA

½ BUND SCHNITTLAUCH
½ BUND PETERSILIE
SAFT VON ½ ZITRONE
4 EL OLIVENÖL
1 TL BALSAMICO BIANCO
½ ROTE CHILISCHOTE
MEERSALZ UND PFEFFER

EIER

2–4 EIER
1 TL APFELESSIG

AUSSERDEM

25 G PINIENKERNE
25 G MANDELBLÄTTCHEN
MEERSALZ UND PFEFFER

Zubereitung

Den Backofen auf 180 °C Umluft vorheizen. Für den Brokkolini das Öl mit Currypulver, Meersalz und Pfeffer in einer kleinen Schüssel vermischen. Den Brokkoli waschen, putzen, auf dem Backblech verteilen und großzügig von allen Seiten mit der Ölmischung einpinseln. Im Ofen auf der mittleren Schiene 20 Minuten rösten.

Die Kräuter für die Salsa waschen, trocken schütteln und grob schneiden, dann mit den übrigen Zutaten in der Mini-Küchenmaschine oder im Hochleistungsmixer grob zerkleinern, sodass eine stückige Salsa, jedoch keine cremige Sauce entsteht.

In einem weiten Topf reichlich Wasser zum Kochen bringen. Ein Ei aufschlagen und in ein Glas oder eine Tasse gleiten lassen. Die Hitze reduzieren, bis das Wasser nur noch siedet. Den Essig hinzufügen und mit einem Löffel im Kreis rühren, sodass in der Mitte ein Strudel entsteht. Das Ei langsam in den Strudel gießen, damit sich das Eiweiß um das Eigelb formt. Sobald dies geschehen ist, den Vorgang wiederholen und das zweite Ei dazugeben. Beide Eier im siedenden Wasser 4 Minuten kochen.

Eine kleine Pfanne erhitzen. Die Pinienkerne und Mandelblättchen darin bei mittlerer Hitze unter Rühren etwa 5 Minuten rösten, bis sie leicht bräunen und anfangen zu duften.

Den Brokkoli aus dem Ofen nehmen, auf Tellern anrichten und mit der Salsa übergießen. Je 1 pochiertes Ei auflegen, mit Pinienkernen und Mandelblättchen bestreuen und mit Salz und Pfeffer würzen.

GLUTEN FREE OAT & SEED BREAD

Zutaten für 1 Kastenform mit 22 cm Länge

200 G FEINE HAFERFLOCKEN (GLUTENFREI)
100 G SONNENBLUMENKERNE
50 G KÜRBISKERNE
70 G GERÖSTETE MANDELN, GROB GEHACKT
70 G LEINSAMEN
30 G FLOHSAMENSCHALENPULVER
3 TL CHIASAMEN
2 TL MEERSALZ
2 TL AHORNSIRUP
50 ML OLIVENÖL

Zubereitung

Eine Kastenform mit Backpapier auslegen. In einer Schüssel alle trockenen Zutaten vermischen. Die flüssigen Zutaten mit 350 ml lauwarmem Wasser hinzufügen und mit den Händen alles gründlich vermischen. Den fertigen Teig in die Kastenform füllen und die Oberfläche glatt streichen. Mindestens 1 Stunde abgedeckt im Kühlschrank kalt stellen.

Den Backofen auf 200 °C Umluft vorheizen. Das Brot aus dem Kühlschrank nehmen und ohne Abdeckung im Ofen auf der mittleren Schiene etwa 1 Stunde backen. Herausnehmen und vor dem Aufschneiden komplett auskühlen lassen.

My favourite way to serve

2 Scheiben Brot toasten. Den Stein von ½ Avocado entfernen, das Fruchtfleisch aus der Schale lösen, mit einer Gabel zerdrücken und die Brote damit bestreichen. Die Scheiben mit geräuchertem Wildlachs und fein gehobelten Salatgurkenscheiben belegen. Mit abgetropften Pickeled Onions (siehe S. 183), gewaschenen und trocken geschüttelten Dillspitzen toppen. Mit Pfeffer aus der Mühle bestreuen. Mit Avocado Mayo (siehe S. 61) beträufeln.

GLUTEN FREE RICOTTA PANCAKES

Zutaten
für etwa 7 Stück

50 G MANDELMEHL
40 G HAFERMEHL (GLUTENFREI)
1 PRISE MEERSALZ
2 EIER
125 G RICOTTA
90 ML MANDELDRINK
2 EL HONIG
½ TL VANILLEEXTRAKT
ABGERIEBENE SCHALE VON ½ BIO-ZITRONE
2–3 TL KOKOSÖL

TOPPING
3–4 EL MANDELBLÄTTCHEN
350 G KOKOSJOGHURT
1–2 TL BLÜTENHONIG

Zubereitung

Die trockenen Zutaten in einer Schüssel vermischen. Die Eier trennen und die Eigelbe mit Ricotta, Mandeldrink, Honig, Vanille und Zitronenschale in einer zweiten Schüssel vermischen. Die Eiweiße in einer dritten Schüssel mit dem Schneebesen oder den Quirlen des Handrührgeräts so lange aufschlagen, bis ein fester Eischnee entsteht.

Anschließend die trockenen Zutaten mit den flüssigen Zutaten vermischen und den Eischnee vorsichtig unterheben.

Die Mandelblättchen für das Topping in einer Pfanne ohne Fett goldbraun rösten, in eine Schüssel umfüllen und beiseitestellen.

1 TL Kokosöl in einer Pfanne erhitzen, pro Pancake 1 kleine Kelle Teig in die Pfanne geben, sodass etwa 15 cm große, runde Pancakes entstehen, und von beiden Seiten zu Pfannkuchen ausbacken.

Die Pancakes auf einem Teller anrichten, den Joghurt daraufgeben, mit Honig beräufeln und mit den Mandelblättchen bestreuen.

SALADS & SUMMER PLATES

CITRUS SALAD

MIT FETA UND PISTAZIEN

Zutaten für 2 Portionen

2 KLEINE ROMANASALAT-HERZEN
2 ORANGEN
1 GRAPEFRUIT
1 AVOCADO
50 G MILDER FETA
1 HANDVOLL GERÖSTETE UND GESALZENE PISTAZIEN

DRESSING
1 WALNUSSGR. STÜCK INGWER
2 EL OLIVENÖL
1 EL BALSAMICO BIANCO
SAFT VON 1 LIMETTE
1 EL HONIG
MEERSALZ UND PFEFFER

Zubereitung

Die Salatherzen in einzelne Blätter zerteilen, putzen, waschen und trocken schleudern. Die Blätter auf einer Servierplatte verteilen.

Die Orangen und die Grapefruit so großzügig schälen, dass auch die weiße Haut mit entfernt wird. Die Filets zwischen den einzelnen Trennhäuten herausschneiden. Die Avocado halbieren und den Stein entfernen. Das Fruchtfleisch in Streifen schneiden und aus den Schalenhälften herauslösen.

Die vorbereiteten Zutaten auf den Salatblättern anrichten und den Feta mit der Hand darüberkrümeln. Die Pistazien grob hacken und aufstreuen.

Für das Dressing den Ingwer schälen und fein reiben, dann mit den übrigen Zutaten in einem kleinen Kännchen mit dem Hand-Milchaufschäumer cremig mixen. Den Salat mit dem Dressing beträufeln.

MANGO SALAD

Zutaten für 2 Portionen

100 G RUCOLA
1 MANGO
1 AVOCADO
10 STIELE KORIANDER
½–1 ROTE PEPERONI

DRESSING
4 EL OLIVENÖL
2 EL BALSAMICO BIANCO
SAFT VON 1 LIMETTE
½ TL FEINER DIJON-SENF
MEERSALZ UND PFEFFER

Zubereitung

Den Rucola verlesen, waschen und trocken schleudern, grobe Stiele entfernen. Die Mango schälen, das Fruchtfleisch auf den flachen Seiten vom Stein schneiden und in kleine Würfel schneiden. Die Avocado halbieren und den Stein entfernen. Das Fruchtfleisch in Streifen schneiden und aus den Schalenhälften herauslösen. Den Koriander waschen und die Blätter abzupfen. Die Peperoni längs halbieren, entkernen, waschen und in feine Würfel schneiden.

Die Zutaten für das Dressing in einem kleinen Kännchen mit einem Hand-Milchaufschäumer durchmixen. Den Rucola in einer Schüssel mit zwei Dritteln des Dressings vermischen und auf zwei Schalen verteilen. Die übrigen Zutaten darauf platzieren, mit den Rest des Dressings übergießen und servieren.

WATERMELON SALAD

Zutaten für 2 Portionen

1 KLEINE WASSERMELONE
8 RADIESCHEN
125 G RUCOLA
10 BASILIKUMBLÄTTER
10 MINZEBLÄTTER
150 G FETA
1 HANDVOLL CASHEWKERNE

DRESSING
6 EL OLIVENÖL, 1 TL HONIG
SAFT VON 1 LIMETTE
MEERSALZ UND PFEFFER

Zubereitung

Die Wassermelone vierteln, in Scheiben schneiden, schälen und würfeln, dabei die Kerne entfernen Die Radieschen putzen, waschen und in feine Scheiben hobeln. Den Rucola verlesen, waschen und trocken schleudern, grobe Stiele entfernen. Die Kräuter waschen und trocken schütteln. Den Feta mit den Händen fein zerkrümeln.

Die Cashewkerne nach Belieben in einer kleinen Pfanne etwa 5 Minuten leicht braun anrösten.

Alle vorbereiteten Zutaten in einer Schale miteinander vermischen. Die Zutaten für das Dressing in einem kleinen Kännchen mit dem Hand-Milchaufschäumer cremig mixen und unter den Salat heben.

GREEN TOMATO SALAD

MIT MOZZARELLA, MELONE & PARMASCHINKEN

Zutaten für 2 Portionen

1 REIFE GRÜNE MELONE
100 G RUCOLA
400 G REIFE GRÜNE OCHSENHERZTOMATEN ODER COCKTAILTOMATEN
2 BÜFFELMOZZARELLA
70 G PARMASCHINKEN
50 G PINIENKERNE
4 STIELE BASILIKUM

DRESSING
5 EL OLIVENÖL
3 EL BALSAMICO BIANCO
SAFT VON ½ ZITRONE
2 TL HONIG
MEERSALZFLOCKEN UND PFEFFER

Zubereitung

Die Melone halbieren, von den Kernen befreien und großzügig schälen, da das Fruchtfleisch direkt unter der Schale leicht bitter schmecken kann. Die Hälften in etwa 2 cm große Würfel schneiden.

Alle Zutaten für das Dressing in einem kleinen Kännchen mit dem Hand-Milchaufschäumer aufmixen. Den Rucola verlesen, waschen und trocken schleudern, grobe Stiele entfernen. Die Blätter in einer Schüssel mit der Hälfte des Dressings vermischen.

Die Tomaten waschen, trocknen, halbieren und in Scheiben schneiden. Den Mozzarella mit Küchenpapier trocken tupfen. Den Parmaschinken vom Fettrand befreien und mit dem Mozzarella in Stücke zupfen.

Die Pinienkerne in einer kleinen Pfanne rösten, bis sie anfangen zu duften. Das Basilikum waschen, trocken schütteln und die Blätter abzupfen.

Melone, Tomaten, Mozzarella und Schinken auf einer Platte verteilen, mit dem übrigen Dressing begießen, mit Rucola und Basilikum toppen, mit den Pinienkernen bestreuen und noch einmal mit Meersalzflocken und Pfeffer nachwürzen.

MEXICAN AVOCADO SALAD

Zutaten für 2 Portionen

½ HONIG- ODER CANTALOUPE-MELONE
1 AVOCADO
1 ROTE ZWIEBEL
1 ROTE PEPERONI
1 HASELNUSSGR. STÜCK INGWER
2 EL BRATOLIVENÖL
2 ANCHOVISFILETS IN ÖL
3 EL OLIVENÖL
1 EL SHERRY- ODER WEISS-WEINESSIG
SAFT VON 1 LIMETTE
MEERSALZFLOCKEN UND PFEFFER
½ BUND KORIANDER
4 STIELE MINZE

Zubereitung

Die Honigmelone von den Kernen befreien, großzügig schälen und in gleich große Spalten schneiden. Die Avocado halbieren und den Stein entfernen. Das Fruchtfleisch in Streifen schneiden und aus den Schalenhälften herauslösen.

Die Zwiebel schälen, halbieren und in feine Streifen schneiden. Die Peperoni längs halbieren, entkernen, waschen und ebenfalls in Streifen schneiden. Den Ingwer schälen und fein reiben. Das Bratöl in einer kleinen Pfanne erhitzen. Zwiebel- und Peperonistreifen, Ingwer und Anchovis dazugeben. In der Pfanne andünsten, bis die Anchovis zerfallen und sich in die Ölmischung einrühren lassen.

In einer Schüssel Olivenöl, Essig, Limettensaft, Salz und Pfeffer verquirlen. Die Ölmischung aus der Pfanne hinzufügen und alles gut vermischen.

Die Melone in einer Schüssel unter das Dressing heben. Koriander und Minze waschen, trocken schütteln und die Blätter abzupfen. Melone und Avocado auf einer Platte anrichten, mit Meersalzflocken und Pfeffer bestreuen und mit den Kräutern garniert servieren.

NECTARINE & WATERMELON SALAD

Zutaten für 2 Portionen

1 KLEINE WASSERMELONE
2 NEKTARINEN
15 COCKTAILTOMATEN
3 STIELE BASILIKUM
3 STIELE KORIANDER
1 EL SCHWARZE SESAMSAMEN

DRESSING
4 EL OLIVENÖL
1 EL REISESSIG
SAFT VON 1 LIMETTE
1 EL KOKOSBLÜTENZUCKER
MEERSALZ UND PFEFFER

GARNELEN
6 RIESENGARNELEN (MIT KOPF UND SCHALE)
2 EL BRATOLIVENÖL
1 SPRITZER ZITRONENSAFT
1 PRISE CHILIPULVER
MEERSALZ UND PFEFFER

Zubereitung

Für die Garnelen diese waschen und trocknen. Das Bratöl mit Zitronensaft, Chili, Salz und Pfeffer vermischen, die Garnelen darin wenden und bis zur weiteren Verarbeitung ziehen lassen.

Die Wassermelone halbieren, in Scheiben schneiden, schälen und würfeln, dabei die Kerne entfernen. Die Nektarinen waschen, halbieren, entsteinen und achteln. Die Cocktailtomaten waschen und halbieren. Die Kräuter waschen, trocken schütteln und die Blätter abzupfen.

Die Zutaten für das Dressing in einem Kännchen mit dem Hand-Milchaufschäumer durchmixen. Den Salat auf einer Platte anrichten, mit dem Dressing vermischen und mit dem schwarzen Sesam bestreuen.

Eine Pfanne erhitzen, die Garnelen darin mit der Marinade bei starker Hitze etwa 5 Minuten anbraten und auf dem Salat verteilen.

Tipp

Dieser Salat schmeckt auch in der vegetarischen Variante ganz ohne Garnelen wunderbar.

GRILLED PEACHES & BURRATA

Zutaten für 2 Portionen

50 G WALNÜSSE
4 GELBFLEISCHIGE PFIRSICHE
2 EL HONIG
5 EL OLIVENÖL
5 STIELE BASILIKUM
2 BÜFFELMOZZARELLA (BURRATA)
SAFT VON ½ ZITRONE
MEERSALZFLOCKEN UND PFEFFER

Zubereitung

Die Nüsse grob hacken. Die Pfirsiche waschen, halbieren, den Stein entfernen und die Früchte je nach Größe in Viertel oder Achtel schneiden.

Den Honig in einer kleinen Pfanne erhitzen und die Nüsse darin unter Rühren karamellisieren. Herausnehmen und beiseitestellen. 3 EL Olivenöl in die bereits erhitzte Pfanne geben und die Pfirsiche von beiden Seiten jeweils etwa 5 Minuten braten.

Das Basilikum waschen, trocken schütteln und die Blätter abzupfen. Den Büffelmozzarella mit Küchenpapier trocken tupfen, in Scheiben schneiden, auf einer Platte anrichten und die warmen Pfirsiche darauf verteilen. Mit Basilikum und Nüssen garnieren.

Das übrige Olivenöl über dem Salat verteilen, den Zitronensaft darüberträufeln. Mit Meersalzflocken und Pfeffer verfeinern.

SA
NTA

CAESAR SALAD

MIT KICHERERBSEN-CROÛTONS UND SCAMPI

Zutaten für 2 Portionen

1 GLAS KICHERERBSEN
8 GARNELEN (KÜCHENFERTIG)
2 ROMANA-SALATHERZEN
2 EL GERIEBENER PARMESAN

MARINADE
2 EL OLIVENÖL
2 TL ZITRONENSAFT
½ TL EDELSÜSSES PAPRIKAPULVER
½ TL KREUZKÜMMELPULVER
½ TL AHORNSIRUP
1 PRISE CHILIPULVER
MEERSALZ

DRESSING
2 ½ EL WEISSES TAHIN
3 EL OLIVENÖL
1 EL ZITRONENSAFT
2 ANCHOVISFILETS IN ÖL
¾ TL KÖRNIGER DIJON-SENF
4 EL GERIEBENER PARMESAN

Zubereitung

Die Kichererbsen in einem Sieb abspülen, abtropfen lassen, auf einem Küchentuch verteilen und trocknen. Den Backofen auf 200 °C Umluft vorheizen.

Die Zutaten für die Marinade in einer Schüssel verquirlen, die Kichererbsen untermischen, aus der Schüssel nehmen und auf einem mit Backpapier ausgelegten Blech verteilen. Im Ofen auf der mittleren Schiene 15 Minuten rösten, dann wenden und weitere 15 Minuten rösten.

Die Garnelen abspülen, trocknen, in der restlichen Marinade wenden und ziehen lassen. Die Salatherzen in einzelne Blätter zerteilen, putzen, waschen und trocken schleudern. Die Zutaten für das Dressing in der Mini-Küchenmaschine cremig durchmixen.

Eine Pfanne erhitzen, die Garnelen mit der Marinade in die Pfanne geben und bei starker Hitze etwa 8 Minuten braten. Zwischendurch wenden.

Den Salat mit dem Dressing vermischen und die Kichererbsen aus dem Ofen nehmen.

Den Salat in einer Schale oder auf einem großen Teller anrichten, Garnelen und Kichererbsen darauf verteilen, mit dem Parmesan bestreuen und servieren.

GRILLED PRAWN SALAD WRAPS

MIT ERDNUSSSAUCE

Zutaten für 2 Portionen

3 EL OLIVENÖL
SAFT VON ½ ZITRONE
1 PRISE CHILIPULVER
MEERSALZ UND PFEFFER
12 GARNELEN (KÜCHENFERTIG)
2 SALATHERZEN
½ GROSSE ODER 1 KLEINE SALATGURKE
1 KAROTTE
1–2 AVOCADOS
2 EL GERÖSTETE ERDNÜSSE

ERDNUSSSAUCE
120 G ERDNUSSMUS
2 EL DATTELSIRUP
1 ½ TL GERÖSTETES SESAMÖL
3 EL REISESSIG
1 WALNUSSGR. STÜCK INGWER
1 EL KOKOS-AMINOS ODER TAMARI
SAFT VON 2 LIMETTEN
1 PRISE CHILIPULVER
MEERSALZ UND PFEFFER

Zubereitung

Olivenöl, Zitronensaft, Chili sowie je 1 gute Prise Salz und Pfeffer in einer Schüssel verquirlen. Die Garnelen abspülen, trocknen, mit der Marinade vermischen und ziehen lassen.

Alle Saucenzutaten in der Mini-Küchenmaschine oder im Hochleistungsmixer cremig mixen.

Von den Salatherzen jeweils die äußeren 3 oder 4 Blätter ablösen, putzen, waschen und trocken schleudern. Die übrigen Salatherzen anderweitig verwenden.

Die Salatblätter auf einer Platte anrichten. Gurke und Karotte waschen, schälen, ja nach Größe halbieren oder vierteln und in feine Streifen schneiden. Die Avocado halbieren und den Stein entfernen. Die Avocadohälften schälen und das Fruchtfleisch in Würfel schneiden. Die Erdnüsse fein hacken.

Eine Pfanne erhitzen und die marinierten Garnelen darin bei starker Hitze etwa 5 Minuten braten, dabei zwischendurch wenden.

Die Salatblätter mit den Gurken- und Karottenstreifen füllen, Avocado und Garnelen darauf platzieren und das Dressing großzügig auf den Salatwraps verteilen. Mit den gehackten Erdnüssen bestreuen und servieren.

GREEN

POTATO SALAD

Zutaten für 4 Portionen

650 G KLEINE FESTKOCHENDE KARTOFFELN (DRILLINGE)
MEERSALZ
200 G ERBSEN (GEFROREN)
100 G BABYSPINAT
HERB DRESSING (SIEHE S. 60)

Zubereitung

Die Kartoffeln mit der Schale gründlich waschen, längs vierteln und in kochendem Salzwasser 20 bis 30 Minuten garen. In einem zweiten Topf die Erbsen 3 bis 4 Minuten in Salzwasser blanchieren, dann abgießen und abtropfen lassen. Den Spinat verlesen, waschen und trocken schleudern.

Die Kartoffeln abgießen und noch heiß mit dem Babyspinat und dem Dressing vermischen. Die Erbsen unterheben und servieren.

CANNELLINI

BEAN SALAD

Zutaten für 4 Portionen

1 SALATGURKE
4 TOMATEN
½ GRANATAPFEL
1 BUND PETERSILIE
½ BUND MINZE
1 FRÜHLINGSZWIEBEL
1 DOSE CANNELLINI-BOHNEN
POMEGRANATE VINAIGRETTE (SIEHE S. 60)

Zubereitung

Gurke und Tomaten waschen und trocken tupfen. Die Gurke längs halbieren, entkernen und mit den Tomaten in Würfel schneiden. Die Granatapfelkerne aus der Schale herauslösen. Petersilie und Minze waschen und trocken schütteln. Die Blätter abzupfen und fein hacken. Die Frühlingszwiebel putzen, waschen und in feine Ringe schneiden. Die Bohnen in ein Sieb abgießen, mit heißem Wasser abspülen und abtropfen lassen.

Alle Zutaten in einer Schale mit dem Dressing vermischen und vor dem Servieren 10 Minuten ziehen lassen.

DRESSINGS & DIPS

POMEGRANATE VINAIGRETTE

Zutaten für 1 Portion

4 EL OLIVENÖL
1 TL WEISSWEINESSIG
SAFT VON 1 ZITRONE
2 EL GRANATAPFELBALSAMICO
1 TL SUMACH
MEERSALZ UND PFEFFER

Zubereitung

Olivenöl, Weißweinessig, Zitronensaft und Granatapfelbalsam mit dem Sumach sowie je 1 guten Prise Salz und Pfeffer in ein Kännchen füllen und mit dem Hand-Milchaufschäumer durchmixen.

HERB DRESSING

Zutaten für 1 Portion

1 BUND PETERSILIE
½ BUND SCHNITTLAUCH
½ BUND BASILIKUM
½ BUND DILL
½ BUND KORIANDER
100 ML OLIVENÖL
SAFT VON 1 ZITRONE
2 EL KÖRNIGER DIJON-SENF
2 EL MAYONNAISE
MEERSALZ UND PFEFFER

Zubereitung

Die Kräuter waschen, trocken schütteln, grob schneiden und in die Mini-Küchenmaschine geben.

Olivenöl, Zitronensaft, Senf, Mayonnaise sowie je 1 gute Prise Salz und Pfeffer dazugeben und alles zu einer groben Kräutersauce mixen. Sollte die Küchenmaschine beim Mixen stocken, etwas mehr Olivenöl hinzufügen.

ORANGE GINGER DRESSING

Zutaten für 1 Portion

1 HASELNUSSGR. STÜCK INGWER
4 EL OLIVENÖL
SAFT VON ½ ORANGE
SAFT VON 1 ZITRONE
1 TL HONIG
1 PRISE CHILIPULVER
MEERSALZ UND PFEFFER

Zubereitung

Den Ingwer schälen und fein reiben. Alle Zutaten in ein Kännchen geben und mit dem Hand-Milchaufschäumer durchmixen.

SESAME MISO DRESSING

Zutaten für 1 Portion

5 TL WEISSES TAHIN
½ TL HELLE MISOPASTE
2 EL OLIVENÖL
SAFT VON 1 ZITRONE
1 PRISE CAYENNEPFEFFER
MEERSALZ

Zubereitung

Alle Zutaten mit 3 EL Wasser mit der Mini-Küchenmaschine cremig durchmixen.

AVOCADO MAYO

Zutaten für 1 Portion

FRUCHTFLEISCH VON
1 AVOCADO
250 ML OLIVENÖL
60 ML AQUAFABA (KICHERERBSENWASSER)
1 TL WEISSWEINESSIG
1 TL FEINER DIJON-SENF
1 SPRITZER ZITRONENSAFT
MEERSALZ UND PFEFFER

Zubereitung

Alle Zutaten in die Mini-Küchenmaschine geben und cremig mixen. Die Avocado Mayo passt aufs Brot genauso gut wie als Dip zum Beispiel zu Gemüsesticks.

ROASTED BEETS

MIT JOGHURT & SAVOURY GRANOLA

Zutaten für 2 Portionen

2 ZWEIGE ROSMARIN
3 EL BRATOLIVENÖL
MEERSALZ UND PFEFFER
100 G RUCOLA
2 GROSSE ODER 4 KLEINE ROTE BETEN

DRESSING
3 EL OLIVENÖL
1 EL ROTWEINESSIG
1 SPRITZER ORANGENSAFT
1 SPRITZER ZITRONENSAFT
1 TL HONIG
MEERSALZ UND PFEFFER

AUSSERDEM
3 ZWEIGE THYMIAN
150 G GRIECHISCHER ODER VEGANER GRIECHISCHER JOGHURT
ABGERIEBENE SCHALE VON ¼ BIO-ORANGE
SAFT VON ½ BIO-ORANGE
4 EL SAVOURY GRANOLA (SIEHE S. 181)

Zubereitung

Den Ofen auf 220 °C Ober-/Unterhitze vorheizen. Den Rosmarin waschen, trocken schütteln und die Nadeln abzupfen. Bratöl, Rosmarinnadeln, Salz und Pfeffer in einer kleinen Schüssel vermischen.

Den Rucola verlesen, waschen, trocken schleudern und die groben Stiele entfernen. Die Roten Beten schälen, je nach Größe vierteln oder achteln und mit dem Olivenöl-Mix marinieren. Die marinierten Stücke auf einem mit Backpapier ausgelegten Blech verteilen und im Ofen auf der mittleren Schiene 30 bis 40 Minuten rösten, bis sie außen leicht knusprig und innen weich sind. Nach der Hälfte der Zeit wenden.

Die Zutaten für das Dressing in einem Kännchen mit dem Hand-Milchaufschäumer cremig mixen.

Den Thymian waschen, trocken schütteln und die Blättchen abzupfen. Den Joghurt mit Orangenschale, Orangensaft und Thymianblättchen vermischen und auf einem Teller verteilen. Die Roten Beten auflegen und mit dem Rucola toppen. Großzügig mit Granola bestreuen und servieren, solange die Roten Beten noch warm sind.

CHICORY, CHICKEN & ORANGE SALAD

Zutaten für 2 Portionen

1 HÄHNCHENBRUSTFILET
40 G BLANCHIERTE MANDELN
2 CHICORÉE (NACH BELIEBEN 1 ROTER UND 1 GRÜNER)
3 STIELE ESTRAGON
2 ORANGEN
½ BUND BRUNNENKRESSE (ALTERNATIV SHISOKRESSE ODER FELDSALAT)
MEERSALZ UND PFEFFER

DRESSING
5 EL OLIVENÖL
1 EL ROTWEINESSIG
SAFT VON ½ ORANGE
1 TL FEINER DIJON-SENF
MEERSALZ UND PFEFFER

Zubereitung

Das Hähnchenbrustfilet abspülen und in einem Topf mit Salzwasser etwa 20 Minuten garen. Die Mandeln grob hacken und in einer kleinen Pfanne etwa 5 Minuten rösten. In eine Schüssel umfüllen.

Das Fleisch abtupfen und leicht abkühlen lassen, dann mit den Händen in kleine Stücke zupfen. Vom Chicorée die unteren Enden abschneiden, die Stauden in einzelne Blätter teilen, waschen und trocknen. Den Estragon waschen, trocken schütteln und die Blätter abzupfen.

Die Orangen so großzügig schälen, dass auch die weiße Haut mit entfernt wird. Die Filets zwischen den einzelnen Trennhäuten herausschneiden und halbieren. Die Kresse verlesen, waschen und trocknen.

Für das Dressing alle Zutaten in ein Kännchen geben und mit dem Hand-Milchaufschäumer durchmixen.

Chicorée, Hähnchen und Orangen in einer Schüssel mit dem Dressing vermischen. Mit Mandeln bestreuen, mit Kresse garnieren, noch einmal mit Meersalz und Pfeffer würzen und servieren.

RADICCHIO

MIT RICOTTA, ORANGEN & KARAMELLISIERTEN PECANNÜSSEN

Zutaten für 2 Portionen

1 RADICCHIO
2 ORANGEN
150–250 G RICOTTA

DRESSING
8 EL OLIVENÖL
2 EL SHERRYESSIG
4 TL HONIG
MEERSALZ UND PFEFFER

AUSSERDEM
2 EL OLIVENÖL
1 EL HONIG
1 HANDVOLL PECANNÜSSE
MEERSALZFLOCKEN
4 ZWEIGE THYMIAN

Zubereitung

Die Zutaten für das Dressing in einem Kännchen mit dem Hand-Milchaufschäumer cremig mixen. Den Radicchio vom Strunk befreien, waschen, trocken schleudern und in Stücke zupfen. Die Stücke mit einem Drittel des Dressings vermischen und auf einer Platte anrichten.

Die Orangen so großzügig schälen, dass auch die weiße Haut mit entfernt wird, in Scheiben schneiden und auf den Radicchioblättern verteilen. Den Ricotta mit einem Teelöffel in kleinen Klecksen dazwischensetzen.

Olivenöl und Honig in einer Pfanne erhitzen, die Pecannüsse grob hacken, in der Pfanne karamellisieren und mit Meersalzflocken bestreuen.

Den Rest des Dressings großzügig über den Salat gießen. Den Thymian waschen, trocken schütteln und die Blättchen abzupfen. Die Thymianblättchen mit den Nüssen über den Salat streuen.

BEETROOT, ORANGE & AVOCADO SALAD

MIT KROSSEM LACHS UND DUKKAH

Zutaten für 2 Portionen

300 G LACHSFILET
1 AVOCADO
1 ORANGE
1 BLUTORANGE (ALTERNATIV 1 WEITERE ORANGE)
2 ROTE BETEN (GEGART)
2 HANDVOLL WILDKRÄUTER-SALAT

MARINADE
1 HASELNUSSGR. STÜCK INGWER
2 EL AVOCADOÖL
SAFT VON ½ ZITRONE
½ TL HONIG
1 PRISE CHILIPULVER
MEERSALZ UND PFEFFER

TOPPING
ORANGE GINGER DRESSING (SIEHE S. 61)
4 EL DUKKAH (SIEHE S. 177)

Zubereitung

Den Ofen auf 250 °C Umluft vorheizen. Für die Marinade den Ingwer schälen und fein reiben, dann mit den übrigen Zutaten in einer Schüssel verquirlen. Den Lachs abspülen, trocknen, auf Gräten prüfen, in mundgerechte Stücke schneiden, mit der Marinade vermischen und kurz darin ziehen lassen.

Die Avocado halbieren und den Stein entfernen. Das Fruchtfleisch in Streifen schneiden und aus den Schalenhälften herauslösen. Die Orangen so großzügig schälen, dass auch die weiße Haut mit entfernt wird. Die Filets zwischen den einzelnen Trennhäuten herausschneiden. Die Roten Beten in Würfel schneiden oder achteln. Den Wildkräutersalat verlesen, waschen und trocken schleudern.

Das Dressing vorsichtig mit dem Salat, den Roten Beten und den Orangenfilets vermischen. Die Avocado erst anschließend hinzufügen, da sie beim Durchmischen schnell matschig wird.

Das Lachsfilet im Ofen auf der mittleren Schiene etwa 6 Minuten goldbraun rösten. Zwischendurch immer wieder in den Ofen schauen, damit der Fisch nicht verbrennt.

Den Salat entweder auf einer Platte oder zwei Tellern anrichten. Mit dem Lachs toppen und mit Dukkah bestreut servieren.

WARM WINTER SALAD

Zutaten für 2 Portionen

1 KLEINER HOKKAIDO-KÜRBIS
25 G WALNÜSSE
2 EL AHORNSIRUP
MEERSALZFLOCKEN
125 G QUINOA
200 G GRÜNKOHL
½ GRANATAPFEL

MARINADE
3 EL OLIVENÖL
1 TL AHORNSIRUP
1 PRISE CAYENNEPFEFFER
MEERSALZ UND PFEFFER

DRESSING
4 EL WEISSES TAHIN
1 ½ TL FEINER DIJON-SENF
2 TL AHORNSIRUP
SAFT VON ½ ZITRONE

Zubereitung

Den Ofen auf 200 °C Umluft vorheizen. Den Kürbis waschen, vierteln, entkernen und in grobe Würfel schneiden. Die Zutaten für die Marinade in einer Schüssel vermischen und den Kürbis darin wenden. Die Würfel auf einem mit Backpapier ausgelegten Blech verteilen und im Ofen auf der mittleren Schiene 30 Minuten rösten.

Die Walnüsse mit Ahornsirup und Meersalz vermischen, nach 25 Minuten zum Kürbis in den Ofen geben und die letzten 5 Minuten mitrösten.

Die Quinoa in einem Sieb unter fließendem Wasser waschen und nach Packungsanweisung in Salzwasser 15 Minuten kochen. Den Grünkohl verlesen, waschen und trocken schleudern, grobe Stiele entfernen und die Blätter in kleine Stücke zupfen. Die Stücke in Salzwasser 2 Minuten blanchieren und gut abtropfen lassen.

Die Kerne aus dem Granatapfel herauslösen. Die Zutaten für das Dressing mit 4 EL kochendem Wasser in der Mini-Küchenmaschine cremig rühren. Quinoa und Grünkohl in einer Schale mit etwa zwei Dritteln des Dressings vermischen, den Kürbis aus dem Ofen vorsichtig unterheben oder darüber verteilen. Mit dem restlichen Dressing begießen und noch einmal durchmischen. Den Salat mit Walnüssen und Granatapfelkernen bestreuen und noch warm servieren.

Vitamix

SOUPS

CAULIFLOWER SOUP

Zutaten für 4 Portionen

1 BLUMENKOHL
½ SÜSSKARTOFFEL
½ SELLERIEKNOLLE
¼ TL KURKUMAPULVER
2 EL OLIVENÖL
MEERSALZ UND PFEFFER
1 HASELNUSSGR. STÜCK INGWER
1 WALNUSSGR. STÜCK KURKUMA
1 ZWIEBEL
1 ROTE PEPERONI
1 EL GHEE
½ TL KREUZKÜMMELPULVER
½ TL CURRYPULVER
2 ZWEIGE THYMIAN
750 ML HÜHNERBRÜHE
200 ML KOKOSMILCH

TOPPING
2 EL GRANATAPFELKERNE
4 EL SAVOURY GRANOLA
(SIEHE S. 181)
SAFT VON ½ ZITRONE
4 TL KRESSE

Zubereitung

Den Backofen auf 180 °C Umluft vorheizen. Den Blumenkohl putzen, waschen und in Röschen teilen. Süßkartoffel und Sellerie putzen, schälen und in Würfel schneiden. Das Gemüse auf einem mit Backpapier ausgelegten Blech verteilen.

In einer Schüssel Kurkuma, Öl, Salz und Pfeffer vermischen und das Gemüse damit bestreichen. Im Ofen etwa 30 Minuten rösten, bis das Gemüse gar ist.

Ingwer und Kurkuma dünn schälen und fein reiben, die Zwiebel schälen und würfeln. Die Peperoni längs halbieren, entkernen, waschen und fein hacken. Das Ghee in einem großen Topf erhitzen. Ingwer, Kurkuma, Zwiebeln, Peperoni, Kreuzkümmel und Curry darin etwa 5 Minuten andünsten. Den Thymian waschen und trocken schütteln. Die Blätter abzupfen und in den Topf geben.

Hühnerbrühe und Kokosmilch angießen und aufkochen. Das Gemüse aus dem Ofen nehmen, in den Topf geben und mit dem Stabmixer fein pürieren. Alternativ die leicht abgekühlte Suppe im Hochleistungsmixer durchmixen und noch einmal erhitzen.

Die Suppe in Schalen füllen, mit Granatapfelkernen und Granola bestreuen, mit Zitronensaft beträufeln, mit der Kresse garnieren und servieren (Abbildung S. 76 oben).

ROASTED PEPPER SOUP

Zutaten für 4 Portionen

2 EL OLIVENÖL
½ TL MEERSALZ
1 TL CURRYPULVER
2 ROTE PAPRIKASCHOTEN
125 G COCKTAILTOMATEN
1 ROTE ZWIEBEL
½ ROTE PEPERONI
1 HASELNUSSGR. STÜCK INGWER
2 EL BRATOLIVENÖL
½ TL KREUZKÜMMELPULVER
2 EL TOMATENMARK
500 ML GEMÜSEBRÜHE
100 G HAFERCREME
1 EL WEISSES TAHIN
ABGERIEBENE SCHALE VON ½ BIO-ZITRONE

TOPPING
120 G GRIECHISCHER SCHAFS-JOGHURT ODER KOKOSJOGHURT
MEERSALZ UND PFEFFER
4 ZWEIGE THYMIAN
SAFT VON ½ ZITRONE
CRISPY LENTILS (SIEHE S. 176)

Zubereitung

Den Backofen auf 200 °C Umluft vorheizen. Olivenöl, Meersalz und Currypulver in einer kleinen Schüssel vermischen. Paprikaschoten und Cocktailtomaten waschen und halbieren. Die Paprika entkernen und mit den Tomaten von allen Seiten mit der Ölmischung marinieren. Das Gemüse auf einem mit Backpapier ausgelegten Blech verteilen, dabei die Paprika mit der Haut nach oben legen und im Ofen auf der mittleren Schiene etwa 15 Minuten rösten. Herausnehmen, abkühlen lassen und die Paprika in Stücke schneiden.

Die Zwiebel schälen und in kleine Würfel schneiden. Die Peperoni halbieren, entkernen, waschen und hacken. Den Ingwer dünn schälen und fein reiben. Das Öl in einem Topf erhitzen. Zwiebeln, Peperoni, Ingwer und Kreuzkümmel dazugeben und andünsten. Das geröstete Gemüse und das Tomatenmark dazugeben und das Ganze mit der Gemüsebrühe ablöschen.

Alles aufkochen und 5 Minuten köcheln lassen, dann Hafercreme und Tahin einrühren. Erneut aufkochen, den Topf vom Herd nehmen. Die leicht abgekühlte Suppe mit der Zitronenschale im Hochleistungsmixer cremig pürieren und noch einmal erhitzen.

Für das Topping den Joghurt mit Salz und Peffer abschmecken. Den Thymian waschen, trocken schütteln und die Blättchen abzupfen. Die Suppe in Teller oder Schalen füllen, einen Klecks Joghurt einrühren, mit ein paar Spritzern Zitronensaft beträufeln und mit Linsen sowie Thymian bestreut servieren (Abbildung S. 76 unten).

YELLOW PUMPKIN SOUP

MIT GERÖSTETEM SALBEI & PINIENKERNEN

Zutaten für 4 Portionen

1 MITTELGROSSE SÜSS-KARTOFFEL
1 BUTTERNUSSKÜRBIS
1 ZWIEBEL
3 FRÜHLINGSZWIEBELN
1 WALNUSSGR. STÜCK INGWER
2 EL BRATOLIVENÖL
3 TL MEERSALZ
½ TL EDELSÜSSES PAPRIKA-PULVER
½ TL KREUZKÜMMELPULVER
½ TL KORIANDERPULVER

TOPPING
2 EL PINIENKERNE
5 EL BRATOLIVENÖL
10 SALBEIBLÄTTER
1 ROTE PEPERONI
SAFT VON ½ ZITRONE

Zubereitung

Den Ofen auf 200 °C Umluft vorheizen. Den Kürbis halbieren, entkernen und schälen, die Süßkartoffel ebenfalls schälen und beides in Würfel schneiden. Auf einem mit Backpapier ausgelegten Blech verteilen und im Ofen auf der mittleren Schiene 30 Minuten rösten.

Die Zwiebel schälen und würfeln, die Frühlingszwiebeln putzen, waschen und in Ringe schneiden. Den Ingwer dünn schälen und fein reiben. Das Bratöl in einem großen Topf erhitzen, Zwiebel, Frühlingszwiebeln, Ingwer, Salz und Gewürze darin einige Minuten andünsten. Das Gemüse aus dem Ofen hinzufügen, 1 l Wasser angießen, alles aufkochen und etwa 15 Minuten köcheln lassen.

Für das Topping die Pinienkerne in einer kleinen Pfanne kurz anrösten und wenden, bis sie leicht braun werden. Herausnehmen und beiseitestellen. In der Pfanne das Bratöl erhitzen. Den Salbei waschen und trocken schütteln. Die Peperoni halbieren, entkernen, waschen und fein hacken. Beides im heißen Öl etwa 2 Minuten braten, bis der Salbei dunkelgrün ist. Auf Küchenpapier abtropfen und abkühlen lassen.

Die abgekühlte Suppe im Hochleistungsmixer cremig mixen und noch einmal erhitzen. Je nach Geschmack kann für eine flüssigere Konsistenz etwas mehr Wasser hinzugefügt werden. Die Suppe auf Schalen oder tiefe Teller verteilen, mit Zitronensaft beträufeln, mit Salbei, Chili sowie Pinienkernen bestreuen und servieren (Abbildung S. 77 unten).

PINK BEETROOT SOUP

MIT KOKOSMILCH

Zutaten für 4 Portionen

2 EL KOKOSÖL
½ TL KURKUMAPULVER
½ TL KREUZKÜMMELPULVER
½ TL ZIMTPULVER
½ ROTE ZWIEBEL
1 WALNUSSGR. STÜCK INGWER
3 GROSSE ROTE BETEN
2 KAROTTEN
600 ML GEMÜSEBRÜHE
400 ML KOKOSMILCH
SAFT VON ½ LIMETTE
MEERSALZ UND PFEFFER

TOPPING
2 ZWEIGE THYMIAN
4 EL KOKOSJOGHURT

Zubereitung

In einem großen Topf das Kokosöl zerlassen. Kurkuma, Kreuzkümmel und Zimt hinzufügen und langsam erhitzen.

Die Zwiebel schälen und fein würfeln, den Ingwer dünn schälen und reiben. Beides dazugeben und mit den Gewürzen etwa 5 Minuten andünsten.

Die Roten Beten und die Karotten waschen, schälen, grob würfeln, hinzufügen und mit der Gemüsebrühe ablöschen. Etwa 20 Minuten köcheln lassen.

Den Topfinhalt leicht abkühlen lassen, die Kokosmilch hinzufügen und die Suppe im Hochleistungsmixer fein pürieren. Je nach Geschmack kann für eine flüssigere Konsistenz etwas Wasser hinzugefügt werden. Die Suppe noch einmal erhitzen, mit Limettensaft, Salz und Pfeffer abschmecken.

Für das Topping den Thymian waschen, trocken schütteln und die Blättchen abzupfen. Die Suppe auf Schalen oder tiefe Teller verteilen, mit dem Joghurt toppen und mit den Thymianblättchen bestreut servieren (Abbildung S. 77 oben).

BORSCHT

MIT MEERETTICHJOGHURT

Zutaten
für 3–4 Portionen

1 ZWIEBEL
1 STANGE LAUCH
2 STANGEN STAUDENSELLERIE
2 MITTELGROSSE ROTE BETEN
2 KAROTTEN
2 KARTOFFELN
½ KLEINER WEISSKOHL
1 EL BRATOLIVENÖL
1 TL PIMENTPULVER
1 LORBEERBLATT
MEERSALZ
1,5 L GEMÜSEBRÜHE
1–2 EL APFELESSIG
PFEFFER

JOGHURT
1 TL FRISCHER MEERRETTICH (ALTERNATIV AUS DEM GLAS)
ABGERIEBENE SCHALE VON ½ ZITRONE
200 G GRIECHISCHER SCHAFSJOGHURT ODER EINE ALTERNATIVE
MEERSALZ UND PFEFFER
3 STIELE DILL

Zubereitung

Die Zwiebel schälen. Lauch und Sellerie putzen, waschen und mit der Zwiebel in feine Streifen schneiden. Rote Beten, Karotten und Kartoffeln waschen, schälen und würfeln. Vom Weißkohl die äußeren Blätter und den Strunk entfernen, die Hälfte noch einmal teilen und in Streifen schneiden.

Das Bratöl in einem großen Topf erhitzen und die Zwiebel darin andünsten. Das Gemüse, bis auf den Weißkohl, sowie Piment, Lorbeer und 1 große Prise Salz hinzufügen. Alles weitere 5 Minuten andünsten und zwischendurch immer wieder durchrühren.

Die Brühe angießen, alles aufkochen und bei mittlerer Hitze 20 Minuten köcheln lassen.

Den Weißkohl hinzufügen und das Ganze weitere 20 Minuten köcheln lassen. Mit Apfelessig sowie Salz und Pfeffer abschmecken.

Meerrettich und abgeriebene Zitronenschale mit dem Joghurt, Salz und Pfeffer vermischen. Den Dill waschen, trocken schütteln und die Spitzen abzupfen. Den Borschtsch auf Schalen verteilen, mit dem Joghurt beträufeln und mit Dill garniert servieren.

BEST CHICKEN SOUP

MIT KRÄUTERPESTO

Zutaten für 2 Portionen

2 TASSEN VOLLKORNREIS
MEERSALZ UND PFEFFER
3 FRÜHLINGSZWIEBELN
½ KLEINE ROTE CHILISCHOTE
60 G INGWER
1 STÄNGEL ZITRONENGRAS
2 EL GHEE
2 L HÜHNERBRÜHE
2 HÄHNCHENBRUSTFILETS
2 MINI-PAK-CHOI (ALTERNATIV SCHWARZKOHL)

PESTO

1 BUND PETERSILIE
½ BUND SCHNITTLAUCH
½ BUND KORIANDER
2 EL OLIVENÖL
1 TL ZITRONENSAFT
MEERSALZ UND PFEFFER

TOPPING

280 G SHIITAKE
2 EL GHEE
MEERSALZ UND PFEFFER
½ BUND KORIANDER
1 FRÜHLINGSZWIEBEL
2 LIMETTEN IN SPALTEN

Zubereitung

Den Vollkornreis waschen und bei mittlerer Hitze in gesalzenem Wasser etwa 40 Minuten bissfest garen. Inzwischen die Frühlingszwiebeln putzen und waschen, die Chilischote entkernen und waschen. Den Ingwer dünn schälen. Alles fein hacken. Das Zitronengras vom unteren Ende und den äußeren trockenen Blättern befreien, dann mit dem Griff eines schweren Messers anklopfen.

Das Ghee in einem großen Topf erhitzen und die vorbereiteten Zutaten darin andünsten. Mit der Hühnerbrühe ablöschen und die abgespülte Hähnchenbrust darin etwa 20 Minuten bei schwacher Hitze garen. Für das Pesto die Kräuter waschen und mit den übrigen Zutaten sowie 2 EL Wasser in der Mini-Küchenmaschine grob mixen.

Die Hähnchenbrust aus der Suppe nehmen, abkühlen lassen und in kleine Stücke zupfen. Das Zitronengras entfernen. Den Pak Choi putzen, waschen, in feine Streifen schneiden und in die Suppe geben. Mit Salz und Pfeffer würzig abschmecken.

Für das Topping die Pilze putzen, vom Stielende befreien, in Hälften schneiden und in einer Pfanne in heißem Ghee bei starker Hitze 4 bis 5 Minuten anbraten. Zwischendurch salzen, pfeffern und wenden. Den Koriander waschen und trocken schütteln. Die Frühlingszwiebel putzen und waschen. Beides fein hacken.

Das Hähnchenfleisch zurück in die Suppe geben, den Reis auf Schalen verteilen, mit Suppe übergießen. Die Pilze darauf anrichten, das Pesto darüber verteilen und mit Koriander und Frühlingszwiebeln garnieren. Die Suppe mit Limettensaft beträufelt servieren.

WARM BOWLS
&
PLATES

CASHEW CHICKEN

MIT GEBRATENEM REIS UND AVOCADO-TOMATEN-SALSA

Zutaten für 2 Portionen

REIS

- 125 G BASMATIREIS
- MEERSALZ
- 3 FRÜHLINGSZWIEBELN
- 3 EL GHEE
- 1 EI

HÄHNCHEN

- 3 EL CASHEWMUS
- 3 TL GRÜNE THAI-CHILIPASTE
- SAFT VON 1 LIMETTE
- MEERSALZ UND PFEFFER
- 2 HÄHNCHENBRUSTFILETS
- 2 TL GHEE

SALSA

- 1 AVOCADO
- 8 COCKTAILTOMATEN
- 5 STIELE KORIANDER
- SAFT VON 1 LIMETTE
- 1 PRISE CHILIPULVER
- 1 EL OLIVENÖL
- MEERSALZ UND PFEFFER

TOPPING

- 2 STIELE KORIANDER
- SAFT VON ½ LIMETTE

Zubereitung

Den Reis in Salzwasser kochen, in ein Sieb abgießen und gut abtropfen lassen. Inzwischen für das Hähnchen Cashewmus, Chilipaste, Limettensaft, je 1/2 TL Salz und Pfeffer sowie 100 ml kochendes Wasser in einem Kännchen mit dem Hand-Milchaufschäumer cremig mixen. Das Hähnchenbrustfilet waschen, trocken tupfen und in Würfel schneiden.

Für die Salsa die Avocado halbieren und den Stein entfernen. Die Avocadohälften schälen und das Fruchtfleisch in Würfel schneiden. Die Tomaten waschen, trocken tupfen und vierteln. Den Koriander waschen, trocken schütteln, die Blätter abzupfen und fein schneiden. Mit den übrigen Zutaten für die Salsa vermischen und ziehen lassen.

Für den Reis die Frühlingszwiebeln putzen, waschen und in Ringe schneiden. In einer großen Pfanne das Ghee erhitzen und Frühlingszwiebeln darin andünsten. Den Reis hinzufügen. Das Ei in den Reis schlagen und schnell unterrühren. Den Reis flach in der Pfanne verteilen und bei mittlerer bis starker Hitze ohne Wenden etwa 4 Minuten anbraten. Wenden und wieder anbraten. Wiederholen, bis der Reis schön knusprig ist. Bei Bedarf etwas mehr Ghee hinzufügen.

Für das Hähnchen das Ghee in einer Pfanne erhitzen und das Fleisch darin etwa 5 Minuten scharf anbraten, salzen und pfeffern. Die Cashewsauce dazugeben, bei mittlerer Hitze aufkochen, umrühren und etwa 2 Minuten einkochen, bis sie das Hähnchen cremig umschließt.

Reis, Hähnchen und Salsa auf Tellern oder in Schalen anrichten. Den Koriander waschen und trocken schütteln. Die Blätter abzupfen und darübergeben. Mit Limettensaft beträufelt servieren.

CHICKEN PICCATA

MIT SMASHED CHIMICHURRI POTATOES

Zutaten für 2 Portionen

2 HÄHNCHENBRUSTFILETS
10 STIELE PETERSILIE
2 EL BRATOLIVENÖL
25 G KALTE BUTTER ODER GHEE
MEERSALZ UND PFEFFER
2 EL ZITRONENSAFT
2 EL KAPERN

SMASHED POTATOES
10 KARTOFFELN
MEERSALZ UND PFEFFER
5 EL BRATOLIVENÖL
½ TL KREUZKÜMMELPULVER
½ TL EDELSÜSSES PAPRIKAPULVER

CHIMICHURRI
1 BUND PETERSILIE
2 TL GETROCKNETER OREGANO
5 EL OLIVENÖL
SAFT VON ½ ZITRONE
½ ROTE CHILISCHOTE (NACH BELIEBEN)
1 ROTE SPITZPAPRIKASCHOTE
1 ½ EL BALSAMICO BIANCO
MEERSALZ UND PFEFFER

Zubereitung

Den Backofen auf 200 °C Umluft vorheizen. Für die Smashed Potatoes die Kartoffeln mit Schale gründlich waschen und in Salzwasser etwa 20 Minuten weich garen. Das Bratöl und die Gewürze in einer Schüssel vermischen. Die Kartoffeln abgießen, ein Backblech mit Backpapier auslegen, die Kartoffeln darauf verteilen und mit den Händen oder dem Boden eines Glases von oben leicht flach drücken. Die Öl-Gewürz-Mischung über die Kartoffeln gießen. Im Ofen auf der mittleren Schiene 20 Minuten goldbraun rösten.

Für die Chimichurri die Petersilie waschen, trocken schütteln, grob schneiden und mit den übrigen Zutaten im Blitzhacker grob mixen, sodass eine grobe Salsa, aber keine flüssige Sauce entsteht.

Die Hähnchenbrüste mit einem scharfen Messer horizontal in 2 dünne Hälften schneiden, mit Frischhaltefolie bedecken und mit der flachen Seite des Fleischklopfers oder einem Nudelholz platt klopfen. Die Petersilie waschen, trocken schütteln, die Blättchen abzupfen und fein schneiden.

Das Bratöl und 1 TL Butter in einer Pfanne erhitzen. Sobald die Butter leicht schäumt, das Hähnchenfleisch dazugeben. Von beiden Seiten etwa 3 Minuten bei mittlerer bis starker Hitze anbraten. Salzen und pfeffern. Aus der Pfanne nehmen und mit Alufolie bedeckt warm halten. Die Pfanne zurück auf den Herd stellen, Zitronensaft und restliche Butter hinzufügen, Kapern und Petersilie unterrühren.

Die Kartoffeln aus dem Ofen nehmen, auf einer Platte oder Tellern anrichten und mit der Chimichurri toppen. Die Hähnchenbrustfilets anlegen, mit der warmen Sauce aus der Pfanne übergießen und sofort servieren.

POACHED EGGS ON GRILLED ASPARAGUS

MIT GRÜNER KRÄUTERSAUCE

Zutaten für 2 Portionen

50 G BERGLINSEN
4 EL BRATOLIVENÖL
MEERSALZ UND PFEFFER
2 BUND GRÜNER SPARGEL
2 EIER
1 SCHUSS APFELESSIG

SAUCE
1 BUND PETERSILIE
½ BUND BASILIKUM
½ BUND KORIANDER
½ BUND SCHNITTLAUCH
SAFT VON ½ ZITRONE
50 G CORNICHONS
1 EL KAPERN
100 ML OLIVENÖL
MEERSALZ UND PFEFFER

Zubereitung

Die Linsen in einem Sieb waschen und nach Packungsanleitung in kochendem Wasser etwa 25 Minuten weich garen. Abgießen, abtropfen lassen und auf einem Küchenhandtuch sehr sorgfältig ausdrücken.

Den Ofen auf 180 °C Umluft vorheizen. Das Bratöl mit Salz und Pfeffer vermischen. Vom Spargel die Enden abschneiden, die Stangen waschen, trocknen und auf einem mit Backpapier ausgelegten Blech verteilen. Mit zwei Dritteln der Ölmischung bepinseln. Die Linsen mit dem Rest der Ölmischung gut durchmischen und neben dem Spargel auf dem Blech verteilen. Beides im Ofen auf der mittleren Schiene etwa 15 Minuten rösten, bis der Spargel leicht braun und bissfest ist.

Für die Sauce die Kräuter waschen, trocken schütteln, grob hacken und mit den übrigen Zutaten in der Mini-Küchenmaschine oder im Hochleistungsmixer zu einer grünen, leicht groben Sauce vermischen.

1 Ei in einen kleinen Becher aufschlagen. In einem Topf Wasser zum Sieden bringen (Vorsicht, es darf nicht kochen!), 1 Schuss Essig hinzufügen, mit einem Löffel das Wasser umrühren, sodass in der Mitte ein Strudel entsteht und das Ei aus dem Becher vorsichtig in die Mitte des Strudels gleiten lassen. Das zweite Ei auf die gleiche Weise hinzufügen und im siedenden Wasser etwa 4 Minuten ziehen lassen.

Das Blech aus dem Ofen nehmen, den Spargel auf Teller verteilen, mit der Sauce übergießen und mit den knusprigen Linsen bestreuen. Die Eier auflegen, salzen und pfeffern.

POACHED EGGS ON PEAS

Zutaten für 2 Portionen

PEAS

500 G GRÜNE ERBSENSCHOTEN (AUSGELÖST 200 G)
1 BUND GRÜNER SPARGEL

DRESSING

3 EL OLIVENÖL
1 SPRITZER ZITRONENSAFT
MEERSALZ UND PFEFFER

TOPPING

250 G GRIECHISCHER SCHAFS-JOGHURT ODER ANDERER JOGHURT
MEERSALZ UND PFEFFER
2 STIELE BASILIKUM
4 STIELE MINZE
10 STIELE KERBEL

EIER

4 EIER
1 SCHUSS APFELESSIG
MEERSALZ UND PFEFFER

Zubereitung

Die Schoten öffnen und die Erbsen herauslösen. Vom Spargel die Enden abschneiden, die Stangen waschen und in 2 cm breite Stücke schneiden.

Für das Dressing in einem Kännchen Olivenöl, Zitronensaft, Salz und Pfeffer mit dem Hand-Milchaufschäumer durchmixen.

Für das Topping den Joghurt mit Salz und Pfeffer würzen. Die Kräuter waschen, trocken schütteln und die Blätter abzupfen.

Die Erbsen in kochendem Wasser 2 Minuten garen, den Spargel hinzufügen und weitere 6 Minuten kochen.

Inzwischen für die Eier 1 Ei in einen kleinen Becher aufschlagen. In einem Topf Wasser zum Sieden bringen (Vorsicht, es darf nicht kochen!), 1 Schuss Essig hinzufügen, mit einem Löffel das Wasser umrühren, sodass in der Mitte ein Strudel entsteht und das Ei aus dem Becher vorsichtig in die Mitte des Strudels gleiten lassen. Die anderen Eier auf die gleiche Weise hinzufügen und im siedenden Wasser etwa 4 Minuten ziehen lassen.

Den Joghurt auf zwei Tellern ausstreichen. Das Gemüse abgießen, abtropfen lassen und auf dem Joghurt verteilen. Mit dem Dressing beträufeln. Die Eier aus dem Wasser heben, auf dem Gemüse anrichten, salzen und pfeffern. Die Kräuter aufstreuen. Warm servieren.

CAULIFLOWER WRAPS

Zutaten für 2 Portionen

1 BLUMENKOHL
1 BUND RADIESCHEN
1 AVOCADO
2 WRAPS
2 EL PICKLED ONIONS (SIEHE S. 183)
SAFT VON 1 LIMETTE

DRESSING
75 G CASHEWKERNE
1 BUND KORIANDER
SAFT VON 2 KLEINEN LIMETTEN
½ TL MEERSALZ
1 PRISE CAYENNEPFEFFER

MARINADE
5 EL BRATOLIVENÖL
1 TL GERÄUCHERTES PAPRIKAPULVER
1 TL KURKUMAPULVER
½ TL KREUZKÜMMELPULVER
1 TL MEERSALZ
1 PRISE CAYENNEPFEFFER

Zubereitung

Den Backofen auf 230 °C Umluft vorheizen. Den Blumenkohl waschen, putzen und in kleine Röschen teilen. Für das Dressing die Cashewkerne in einer Schale mit kochendem Wasser übergießen, abdecken und bis zur Verarbeitung ziehen lassen. Den Koriander waschen, trocken schütteln und die Blätter abzupfen. Die Blätter von 3 Stielen beiseitestellen.

In einer großen Schüssel die Zutaten für die Marinade verquirlen und die Blumenkohlröschen gründlich damit vermischen. Sollte die Marinade nicht ausreichen, 1 bis 2 EL Bratöl hinzufügen. Den Blumenkohl auf einem mit Backpapier ausgelegten Blech verteilen und auf der mittleren Schiene 15 Minuten rösten. Wenden und weitere 15 Minuten rösten.

Die Radieschen putzen, waschen und in feine Scheiben schneiden oder hobeln. Die Avocado halbieren und den Stein entfernen. Die Avocadohälften schälen und das Fruchtfleisch in Würfel schneiden.

Für das Dressing die abgegossenen Cashews mit den übrigen Zutaten in der Mini-Küchenmaschine oder im Hochleistungsmixer etwa 1 Minute cremig mixen, dabei nach Bedarf einige EL Wasser dazugeben.

Die Wraps auf dem Rost im Ofen 5 Minuten erwärmen, herausnehmen und auf Teller legen. Mit Blumenkohl, Avocado, Radieschen, Koriander und Pickled Onions belegen. Mit dem Dressing begießen, mit Limettensaft beträufeln und servieren.

SALMON TACOS

MIT MANGOSALSA

Zutaten für 2 Portionen

200 G LACHSFILET
¼ ROTKOHL
1 EL OLIVENÖL
SAFT VON ½ ZITRONE
MEERSALZ UND PFEFFER
1 AVOCADO
4 CRUNCHY TACO SHELLS
SESAME MISO DRESSING
(SIEHE S. 61)

MARINADE
2 EL AVOCADOÖL
½ TL HONIG
SAFT VON ½ ZITRONE
½ TL EDELSÜSSES
PAPRIKAPULVER
1 PRISE CHILIPULVER
MEERSALZ

SALSA
1 REIFE MANGO
½ ROTE ZWIEBEL
1–2 JALAPEÑOS
4 STIELE MINZE
½ BUND KORIANDER
SAFT VON 1–2 LIMETTEN
MEERSALZ

Zubereitung

Das Lachsfilet waschen, trocknen, auf Gräten prüfen und in Würfel schneiden. Die Marinadenzutaten in einer Schüssel verquirlen und den Lachs untermischen. Den Ofen auf 150 °C Umluft vorheizen und ein Blech mit Backpapier auslegen.

Für die Salsa die Mango schälen, das Fruchtfleisch auf den flachen Seiten vom Stein schneiden und in kleine Würfel schneiden. Die Zwiebel schälen und fein würfeln. Die Jalapeños in dünne Streifen schneiden. Minze und Koriander waschen und trocken schütteln. Die Blätter abzupfen und fein schneiden. Alle Zutaten in einer Schüssel mit Limettensaft und Salz würzen und gut durchmischen.

Den Rotkohl waschen, vierteln und den Strunk herausschneiden. Die Viertel in schmale Streifen schneiden. In einer Schüssel Olivenöl, Zitronensaft, Salz und Pfeffer verquirlen und die Rotkohlstreifen darin mit den Händen fest durchkneten.

Die Avocado halbieren und den Stein entfernen. Die Hälften schälen und das Fruchtfleisch in kleine Würfel schneiden.

Die Tacos 5 bis 10 Minuten im Ofen erwärmen, bis sie an den Rändern leicht bräunen. Herausnehmen und die Ofentemperatur auf 230 °C erhöhen. Den marinierten Lachs auf dem Backblech verteilen und im Ofen auf der mittleren Schiene 6 bis 8 Minuten knusprig backen.

Die Tacos auf einer Platte anrichten, zuerst mit dem Rotkohl, dann mit der Mangosalsa, der Avocado und dem Lachs befüllen und großzügig mit dem Dressing beträufeln.

GREEN FRIED RICE & SALMON BOWL

Zutaten für 2 Portionen

250 G RUNDKORN-VOLLKORNREIS
300 G LACHSFILET
1 BROKKOLI
2 ZUCCHINI
3 EL BRATOLIVENÖL
MEERSALZ
5 EL GHEE
1 BUND FRÜHLINGSZWIEBELN
1 EL AVOCADOÖL
1 SPRITZER ZITRONENSAFT
PFEFFER

DRESSING
4 EL SESAMÖL
4 EL WEISSES TAHIN
2 TL HELLE MISOPASTE
SAFT VON 2 LIMETTEN
MEERSALZ

Zubereitung

Den Vollkornreis waschen und etwa 40 Minuten in Wasser garen. In ein Sieb abgießen, gut abtropfen und trocknen lassen. Den Lachs waschen, trocknen, auf Gräten prüfen und in 2 Portionsstücke schneiden.

Den Ofen auf 220 °C Umluft vorheizen. Den Brokkoli waschen, putzen und in Röschen teilen. Die Zucchini waschen, längs halbieren und in Halbmonde schneiden. Die Brokkoliröschen auf einem mit Backpapier ausgelegten Blech mit Bratöl bestreichen, mit Meersalz würzen und im Ofen auf der mittleren Schiene 10 Minuten rösten. Die Zucchini dazugeben, ebenfalls mit Öl bestreichen und mit Salz bestreuen. Gemeinsam weitere 15 Minuten rösten.

Die Zutaten für das Dressing mit 4 EL Wasser in der Mini-Küchenmaschine oder im Hochleistungsmixer etwa 1 Minute cremig mixen. Für den Reis die Frühlingszwiebeln putzen, waschen und in feine Streifen schneiden. Das Ghee in einer großen Pfanne erhitzen und die Frühlingszwiebel darin anschwitzen. Den Reis hinzufügen und bei mittlerer bis starker Hitze etwa 5 Minuten anbraten, dann wenden und weitere 5 Minuten braten. Diesen Vorgang wiederholen, bis der Reis schön knusprig ist.

In einer kleinen Pfanne das Avocadoöl erhitzen, den Lachs hineingeben, mit Zitrone, Salz und Pfeffer würzen und von beiden Seiten je etwa 5 Minuten anbraten.

Das Gemüse aus dem Ofen mit etwa zwei Drittel des Dressings unter den gebratenen Reis mischen, in Schalen oder auf Teller geben, den Lachs darauf anrichten und mit dem Rest des Dressings beträufeln.

MAGIC GREEN PASTA

Zutaten für 2 Portionen

220 G SPAGHETTI (GLUTENFREI)
MEERSALZ
1 BROKKOLI
100 G BLATTSPINAT
4 STIELE KORIANDER
2 SCHALOTTEN
2 EL BRATOLIVENÖL
200 ML KOKOSMILCH
SAFT VON 1 LIMETTE
1 EL CASHEWMUS
1 PRISE CHILIPULVER
PFEFFER
1 HANDVOLL KRESSE

Zubereitung

Die Spaghetti nach Packungsanleitung in reichlich kochendem Salzwasser bissfest garen. Inzwischen den Brokkoli putzen, waschen und in Röschen teilen, in einem Sieb dämpfen oder 10 Minuten in Salzwasser garen, dann abgießen. Den Blattspinat verlesen, waschen und trocken schleudern. Den Koriander waschen und trocken schütteln.

Die Schalotten schälen, würfeln und im heißen Öl in einer Pfanne glasig andünsten. Den Spinat hinzufügen und 1 Minute mitdünsten. Alle weiteren Zutaten außer der Kresse mit abgetropftem Brokkoli, Spinat und etwa 100 ml Wasser (oder Brühe) im Hochleistungsmixer etwa 1 Minute cremig pürieren.

Die abgetropften Spaghetti auf Tellern oder in Schalen anrichten. Die Sauce großzügig darüber verteilen und mit Kresse toppen.

EASY SUMMER PASTA

Zutaten für 2 Portionen

600 G REIFE TOMATEN (Z. B. SAN MARZANO)
200 G FETA
1 BUND BASILIKUM
100 ML OLIVENÖL
MEERSALZ UND PFEFFER
250 G SPAGHETTI (GLUTENFREI) ODER REISSPAGHETTI

Zubereitung

Die Tomaten waschen, halbieren und ohne Stielansatz in kleine Würfel schneiden. Den Feta zerkrümeln. Das Basilikum waschen, trocken schütteln, die Blätter abzupfen und grob schneiden. Mit Tomaten, Feta, Olivenöl, ½ TL Salz und 1 guten Prise Pfeffer in einer Schüssel gut durchmischen und ziehen lassen.

Zwei Teller oder Schalen im Ofen kurz vorwärmen, damit die Pasta nicht sofort kalt wird. Die Spaghetti nach Packungsanleitung in reichlich kochendem Salzwasser bissfest garen. Abgießen und abtropfen lassen.

Die Pasta auf Tellern oder Schalen anrichten, die Feta-Tomaten-Mischung darübergeben, mit frisch gemahlenem Pfeffer würzen und sofort servieren.

MISO PUMPKIN & LENTIL BOWL

Zutaten für 2 Portionen

1 BUTTERNUSSKÜRBIS
100 G BERGLINSEN
2 SCHALOTTEN
1 PEPERONI
2 EL BRATOLIVENÖL
1 BUND RADIESCHEN
½ GRANATAPFEL
70 G RUCOLA

GLASUR

6 EL REISESSIG
4 EL HONIG
3 EL HELLE MISOPASTE
1 TL GERÖSTETES SESAMÖL

DRESSING

1 EL WEISSES TAHIN
1 TL OLIVENÖL
2 EL ZITRONENSAFT
MEERSALZ UND PFEFFER

Zubereitung

Den Ofen auf 220 °C Umluft vorheizen. Den Kürbis schälen, halbieren, entkernen und in schmale Spalten schneiden. Die Zutaten für die Glasur in einem Kännchen mit dem Hand-Milchaufschäumer cremig rühren.

Ein Backblech mit Backpapier auslegen, den Kürbis darauf verteilen und mit etwa zwei Dritteln der Glasur bestreichen. Den Kürbis im Ofen auf der mittleren Schiene 30 Minuten rösten.

Inzwischen die Linsen abspülen und in kochendem Wasser 20 Minuten weich garen. Alle Zutaten für das Dressing und 1 TL Wasser in einem Kännchen mit dem Hand-Milchaufschäumer cremig durchmixen. Die Linsen abgießen und unter das Dressing heben.

Die Schalotten schälen und in feine Würfel schneiden. Die Peperoni waschen, halbieren, entkernen und fein hacken. Das Öl in einer Pfanne erhitzen, Schalotten und Peperoni darin leicht anrösten.

Die Radieschen waschen, putzen und in feine Stifte schneiden. Die Granatapfelkerne auslösen. Den Rucola verlesen, waschen und trocken schleudern und grobe Stiele entfernen. Den Rucola auf einer Platte oder einem Teller verteilen. Den gerösteten Kürbis darauf anrichten, Schalotten mit Peperoni, Linsen, Radieschen und Granatapfelkernen darauf verteilen und nach Belieben mit der übrigen Glasur beträufeln.

POTATO FRITTERS

MIT ROTER BETE, AVOCADO & LACHS

Zutaten für 4 Portionen

750 G MEHLIGKOCHENDE KARTOFFELN
1 ZWIEBEL
4 STIELE DILL
2 EL CHIASAMEN
2 EIER
MEERSALZ UND PFEFFER
280 G GRIECHISCHER JOGHURT ODER VEGANER JOGHURT
1 KLEINE SALATGURKE
4 EL BRATOLIVENÖL

SALAT

400 G LACHSFILET
1 EL OLIVENÖL
MEERSALZ UND PFEFFER
3 ROTE BETEN (VORGEGART)
2 AVOCADOS
50 G WILDKRÄUTERSALAT

DRESSING

4 EL OLIVENÖL
2 EL ROTWEINESSIG
SAFT VON ½ ZITRONE
1 EL AHORNSIRUP
MEERSALZ UND PFEFFER

Zubereitung

Die Kartoffeln und Zwiebeln schälen und fein raspeln. Die überschüssige Feuchtigkeit erst durch ein Sieb abtropfen lassen, dann mit Küchenpapier aus der Mischung herausdrücken. Den Dill waschen, trocken schütteln und die Spitzen abzupfen. Die Kartoffelrapel in einer Schüssel mit Dill, Chiasamen, Eiern sowie Salz und Pfeffer vermischen.

Den Ofen auf 100 °C Umluft vorheizen. Eine Pfanne gleichmäßig mit 1 EL Bratöl bestreichen und erhitzen. Etwa ein Viertel der Kartoffelmischung in die Pfanne geben, flach drücken und etwa 10 Minuten anbraten, bis die die Unterseite gebräunt und der Rand knusprig ist. Wenden und die zweite Seite braten. Die fertigen Fritter aus der Pfanne nehmen, im Ofen warm stellen und die weiteren Fritters braten.

Für den Salat das Lachsfilet waschen, trocken tupfen, auf Gräten prüfen und würfeln. Das Olivenöl in einer separaten Pfanne erhitzen und den Fisch darin von allen Seiten anbraten. Salzen und pfeffern. Die Roten Beten würfeln. Die Avocados halbieren und den Stein entfernen. Das Fruchtfleisch in Streifen schneiden und aus den Schalenhälften herauslösen. Den Wildkräutersalat verlesen, waschen und trocken schleudern. Die Zutaten für das Dressing in einem Kännchen mit dem Hand-Milchaufschäumer durchmixen und unter den Wildkräutersalat heben.

Den Joghurt mit Salz und Pfeffer würzen. Die Gurke waschen, raspeln und unter den Joghurt mischen. Die Fritters auf Teller verteilen, den Joghurt aufstreichen und alles mit Wildkräutersalat, Roten Beten, Avocados und Lachsfilet toppen.

ROASTED CABBAGE

MIT SALSA VERDE

Zutaten für 2 Portionen

1 KLEINER WEISSKOHL
4 EL GHEE
MEERSALZ UND PFEFFER
1 HANDVOLL MANDELN
SAFT VON ½ ZITRONE

SALSA VERDE
1 BUND PETERSILIE
½ AVOCADO
60 ML OLIVENÖL
1 TL AHORNSIRUP
½ CHILISCHOTE (NACH BELIEBEN)
1 TL KAPERN
MEERSALZ UND PFEFFER

Zubereitung

Den Ofen auf 220 °C Umluft vorheizen und ein Backblech mit Backpapier auslegen.

Vom Weißkohl die äußeren Blätter entfernen, den Kohl je nach Größe vierteln oder achteln und den unteren Teil des Strunks entfernen. In einer großen Pfanne 2 EL Ghee erhitzen und die Kohlspalten darin auf beiden Seiten jeweils etwa 4 Minuten goldbraun braten. Zwischendurch die Spalten mit einem Pfannenwender von oben leicht in die Pfanne drücken. Beim Wenden der Kohlspalten erneut 1 EL Ghee dazugeben und den Kohl von beiden Seiten mit Salz und Pfeffer würzen.

Den Kohl aus der Pfanne auf dem Blech verteilen und im Ofen etwa 40 Minuten rösten. Nach der Hälfte der Zeit wenden. Während der Kohl röstet, für die Salsa die Petersilie waschen, trocken schütteln und grob schneiden. Die Avocado entsteinen und das Fruchtfleisch aus der Schale lösen. Die Chilischote halbieren, entkernen und waschen. Petersilie, Avocado und Chili mit den übrigen Zutaten in der Mini-Küchenmaschine oder im Hochleistungsmixer grob mixen.

Die Mandeln hacken und in einer kleinen Pfanne ohne Fett etwa 5 bis 7 Minuten rösten, oder die letzten Minuten auf das Blech zum Kohl geben und im Ofen mitrösten.

Den Kohl aus dem Ofen nehmen, auf einer Platte anrichten und mit Zitronensaft beträufeln. Salsa und Mandeln über den Kohlspalten verteilen, mit Meersalz und Pfeffer abschmecken und servieren.

CRUNCHY BRUSSELS SPROUTS

MIT CASHEWSAUCE

Zutaten für 2 Portionen

500 G ROSENKOHL

MARINADE
4 EL BRATOLIVENÖL
50 G HEFEFLOCKEN
¼ TL ROSENSCHARFES PAPRIKAPULVER
MEERSALZ UND PFEFFER

SAUCE
1 MEDJOOL-DATTEL
4 EL CASHEWMUS
1 EL ZITRONENSAFT
¼ TL ROSENSCHARFES PAPRIKAPULVER
MEERSALZ UND PFEFFER

Zubereitung

Den Backofen auf 220 °C Umluft vorheizen. Von den Rosenkohlröschen die äußeren Blätter entfernen und den Strunk sparsam abschneiden. Die Röschen waschen, trocknen und halbieren.

Die Zutaten für die Marinade mit ¼ TL Salz und 1 guten Prise Pfeffer in einer Schüssel vermischen und den Rosenkohl darin rundum marinieren. Ein Blech mit Backpapier auslegen, den Rosenkohl darauf verteilen und im Ofen auf der mittleren Schiene 10 Minuten rösten.

Den Ofen auf Grillfunktion einstellen. Den Rosenkohl wenden und weitere 5 Minuten rösten, bis er schön braun und knusprig ist, aber nicht verbrannt aussieht.

Inzwischen für die Sauce die Dattel entsteinen, dann mit den übrigen Zutaten und 5 EL Wasser in der Mini-Küchenmaschine cremig mixen. Den Rosenkohl aus dem Ofen nehmen, auf einer Platte anrichten und mit dem Dressing beträufelt servieren.

ROASTED CAULIFLOWER

MIT TOMATEN-CASHEW-SAUCE

Zutaten für 2 Portionen

1 BLUMENKOHL
50 G PARMESAN
2 ZWEIGE THYMIAN

MARINADE
8 EL BRATOLIVENÖL
1 TL KREUZKÜMMELPULVER
1 TL KURKUMAPULVER
1 TL EDELSÜSSES PAPRIKAPULVER
20 G PARMESAN
MEERSALZ UND PFEFFER

SAUCE
20 COCKTAILTOMATEN
1 EL BRATOLIVENÖL
3 STIELE BASILIKUM
1 EL CASHEWMUS
40 G HAFERCREME
¼ TL GETROCKNETER OREGANO
¼ TL EDELSÜSSES PAPRIKAPULVER
MEERSALZ UND PFEFFER

Zubereitung

Den Ofen auf 200 °C Umluft vorheizen. Den Blumenkohl putzen, waschen, vierteln und den Strunk keilförmig herausschneiden. Die Zutaten für die Marinade in einer kleinen Schüssel verquirlen. Die Blumenkohlviertel auf einem mit Backpapier ausgelegten Blech verteilen und rundum mit der Marinade bestreichen.

Für die Sauce die Tomaten waschen, trocken tupfen, halbieren und neben dem Blumenkohl auf dem Backblech verteilen. Mit Öl beträufeln. Im Ofen auf der mittleren Schiene 30 Minuten rösten, bis die Kanten des Blumenkohls goldbraun sind und das Innere schön weich ist.

Die Tomaten nach 25 Minuten aus dem Ofen nehmen. Das Basilikum waschen und trocken schütteln. Die Blätter abzupfen und mit den Tomaten sowie den übrigen Zutaten in einer Mini-Küchenmaschine oder im Hochleistungsmixer cremig pürieren. Die fertig gemixte Sauce in einem Topf bei schwacher Hitze langsam erwärmen. Den Parmesan grob reiben. Den Thymian waschen, trocken schütteln und die Blättchen abzupfen.

Den Blumenkohl aus dem Ofen nehmen. Die Hälfte der Sauce auf den Teller gießen, den Blumenkohl darauf anrichten, mit der übrigen Sauce beträufeln, mit Parmesan und Thymianblättchen bestreuen und mit frisch gemahlenem Pfeffer würzen (Abbildung S. 110 links).

ROASTED ROOTS

MIT PISTAZIEN-DUKKAH & ORANGENVINAIGRETTE

Zutaten für 2 Portionen

1 SÜSSKARTOFFEL
1 GROSSE ROTE BETE
8 KAROTTEN
1 FENCHEL

MARINADE
3 EL OLIVENÖL
1 TL CURRYPULVER
MEERSALZ UND PFEFFER

VINAIGRETTE
SAFT VON 1 ORANGE
3 EL OLIVENÖL
3 EL APFELESSIG
3 EL HONIG
2 TL KÖRNIGER DIJON-SENF
MEERSALZ UND PFEFFER

DUKKAH
3–4 EL PISTACHIO DUKKAH
(SIEHE S. 178)

Zubereitung

Den Ofen auf 200 °C Umluft vorheizen. Süßkartoffel, Rote Bete und Karotten schälen, den Fenchel waschen und unten etwa 1 cm breit abschneiden. Die Süßkartoffel in etwa 1 cm breite Scheiben schneiden. Die Rote Bete in 0,5 cm breite Scheiben schneiden. Den Fenchel der Länge nach in 0,5 cm breite Scheiben schneiden und die Karotten der Länge nach halbieren.

Das Gemüse auf einem mit Backpapier ausgelegten Blech verteilen. Für die Marinade das Olivenöl in einer kleinen Schüssel mit Currypulver, Salz und Pfeffer verquirlen und das Gemüse damit bestreichen. Anschließend im Ofen auf der mittleren Schiene 40 Minuten rösten.

Inzwischen die Zutaten für die Vinaigrette in einem Kännchen mit dem Hand-Milchaufschäumer zu einem cremigen Dressing durchmixen.

Das geröstete Gemüse aus dem Ofen nehmen, entweder auf einer großen Platte oder direkt auf dem Blech mit dem Dressing begießen, mit dem Dukkah bestreuen und servieren.

GRILLED SALMON

MIT GERÖSTETER ROTER BETE & ORANGEN AUF MEERETTICHJOGHURT

Zutaten für 2 Portionen

1 GROSSE ROTE BETE
1 ½ TL FRISCHER MEERRETTICH (ALTERNATIV AUS DEM GLAS)
125 G GRIECHISCHER SCHAFSJOGHURT
2 ORANGEN
2 STIELE DILL
300 G LACHSFILET
1 EL BRATOLIVENÖL
SAFT VON ½ ZITRONE
MEERSALZ UND PFEFFER

MARINADE

2 EL OLIVENÖL
¼ TL CURRYPULVER
MEERSALZ UND PFEFFER

DRESSING

1 SCHALOTTE
2 EL OLIVENÖL
2 EL ROTWEINESSIG
MEERSALZ UND PFEFFER

Zubereitung

Den Ofen auf 220 °C Umluft vorheizen. Die Rote Bete schälen und in Achtel schneiden. Die Zutaten für die Marinade in einer kleinen Schüssel verrühren. Die Rote Bete auf einem mit Backpapier belegten Blech verteilen, rundum mit der Marinade bestreichen und im Ofen auf der mittleren Schiene 30 Minuten goldbraun rösten.

Den Meerrettich unter den Schafjsoghurt rühren. Die Orangen so großzügig schälen, dass auch die weiße Haut mit entfernt wird. Die Früchte in dünne Scheiben schneiden. Den Dill waschen, trocken schütteln, die Spitzen abzupfen und fein schneiden.

Das Lachsfilet waschen, trocken tupfen, auf Gräten prüfen und in 2 Portionsstücke schneiden. Das Bratöl in einer Pfnane erhitzen und den Fisch darin etwa 8 Minuten braten, dabei mit Zitronensaft, Salz und Pfeffer würzen.

Für das Dressing die Schalotte schälen, fein würfeln und mit den restlichen Zutaten in einer kleinen Schüssel verquirlen.

Den Joghurt auf einer Platte verstreichen, die Rote Bete aus dem Ofen sowie die Orangen darauf verteilen und mit dem Dressing übergießen. Den Lachs auflegen, mit Dill garnieren und mit Salz und Pfeffer bestreut servieren.

VEGAN BEAN CHILI

MIT AVOCADO-TOMATEN-SALAT & THYMIANÖL

Zutaten für 4 Portionen

1 ROTE ZWIEBEL
1 KNOBLAUCHZEHE
1 HASELNUSSGR. STÜCK INGWER
4 EL BRATOLIVENÖL
1 TL GETROCKNETER OREGANO
1 TL GERÄUCHERTES PAPRIKAPULVER
1 TL KREUZKÜMMELPULVER
1 PRISE CHILIPULVER
2 EL TOMATENMARK
200 G KAROTTEN
200 G SÜSSKARTOFFEL
1 ROTE PAPRIKASCHOTE
400 G GEHACKTE TOMATEN
250 ML GEMÜSEBRÜHE
1 TL KAKAOPULVER
400 G WEISSE BOHNEN
400 G SCHWARZE BOHNEN
150 G KOKOSJOGHURT
MEERSALZ UND PFEFFER

THYMIANÖL
½ BUND THYMIAN
1 PEPERONI
6 EL OLIVENÖL
MEERSALZ UND PFEFFER

Zubereitung

Die Zwiebel und den Knoblauch schälen und in feine Würfel schneiden. Den Ingwer schälen und fein reiben.

Das Bratöl in einem großen Topf erhitzen. Zwiebel, Knoblauch und Ingwer mit Oregano, Paprikapulver, Kreuzkümmelpulver sowie Chilipulver dazugeben und bei mittlerer Hitze kurz andünsten. Das Tomatenmark einrühren und kurz mitdünsten.

Die Karotten putzen, schälen und in feine Scheiben schneiden. Die Süßkartoffel putzen, schälen und fein würfeln. Die Paprikaschote längs halbieren, entkernen, waschen und in Würfel schneiden. Das Gemüse zu Zwiebel, Knoblauch und Gewürzen in den Topf geben, sorgfältig durchrühren und etwa 5 Minuten mit anbraten.

Die Tomaten, die Gemüsebrühe und das Kakaopulver hinzufügen und alles etwa 30 Minuten köcheln lassen, bis die Karotten und die Süßkartoffel gar, aber noch bissfest sind.

Für das Thymianöl den Thymian waschen, trocken schütteln und die Blättchen von den Stängeln abzupfen. Die Peperoni halbieren, entkernen, waschen und fein hacken. Thymianblättchen und Peperoniwürfel in einer Schüssel mit dem Olivenöl sowie je 1 Prise Salz und Pfeffer verquirlen. Beiseitestellen und ziehen lassen.

Für den Salat die Gurke waschen, nach Belieben schälen, längs halbieren und entkernen. Die Hälften erst in Streifen, dann in Würfel oder längliche Stücke schneiden. Die Avocado halbieren und den Stein entfernen. Das Fruchtfleisch in Streifen schneiden und aus den Schalenhälften heraus-

SALAT
½ SALATGURKE
1 AVOCADO
10 COCKTAILTOMATEN
8 STIELE KORIANDER
½ ROTE ZWIEBEL

DRESSING
3 EL OLIVENÖL
SAFT VON 1 LIMETTE
1 EL AHORNSIRUP
MEERSALZ UND PFEFFER

lösen. Die Cocktailtomaten waschen, trocken tupfen und je nach Größe halbieren oder vierteln. Den Koriander waschen, trocken schütteln und die Blätter abzupfen. Die Zwiebel schälen und in feine Würfel schneiden.

Für das Dressing Limettensaft, Olivenöl, Ahornsirup sowie je 1 gute Prise Salz und Pfeffer in einem Kännchen mit dem Hand-Milchaufschäumer verquirlen. Das Dressing vorsichtig unter den Salat heben.

Beide Bohnensorten waschen, in den Topf zum Chili geben, alles zusammen noch einmal erhitzen und mit Salz und Pfeffer kräftig würzen. Das Chili in Schalen anrichten, einen Klecks Joghurt daraufgeben und das Thymianöl darüberträufeln. Den Avocado-Tomaten-Salat separat dazuservieren.

VEGGIE CURRY

Zutaten für 2 Portionen

1 SÜSSKARTOFFEL
2 KLEINE ODER 1 GROSSE ZUCCHINI
4 EL KOKOSÖL
1 TL KREUZKÜMMELPULVER
1 TL CURRYPULVER
½ TL ZIMTPULVER
MEERSALZ
3 FRÜHLINGSZWIEBELN
1 WALNUSSGR. STÜCK INGWER
400 ML KOKOSMILCH
1 TL KOKOSBLÜTENZUCKER
1 TL TAMARI
150 G BLATTSPINAT
1 LIMETTE
1 HANDVOLL KORIANDERGRÜN
1 MSP. CHILIPULVER (NACH BELIEBEN)

Zubereitung

Den Ofen auf 200 °C Umluft vorheizen. Die Süßkartoffel schälen, mit der Zucchini waschen und jeweils in etwa 0,5 cm dicke Scheiben schneiden. 3 EL Kokosöl in einer Pfanne zerlassen und in einer kleinen Schüssel mit Kreuzkümmel, Curry, Zimt und 1/2 TL Meersalz vermischen.

Die Süßkartoffelscheiben auf einem mit Backpapier ausgelegten Blech ausbreiten, mit der Hälfte der Ölmischung bestreichen und im Ofen auf der mittleren Schiene 10 Minuten garen. Die Zucchini auf einem Küchenbrett oder Teller verteilen und mit dem Rest der Ölmischung bestreichen. Nach 10 Minuten zu den Süßkartoffeln in den Ofen geben und beides weitere 10 Minuten rösten.

Die Frühlingszwiebeln putzen, waschen und in feine Ringe schneiden, den Ingwer schälen und fein reiben. Das übrige Kokosöl in der Pfanne erhitzen, Frühlingszwiebeln und Ingwer darin andünsten. Kokosmilch, Kokoszucker, Tamari und Salz hinzufügen und bei starker Hitze etwa 10 bis 15 Minuten einkochen.

Den Spinat verlesen, waschen und trocken schleudern, grobe Stiele entfernen und die Blätter nach Belieben kleiner zupfen. Die Limette halbieren und den Saft direkt in die Pfanne pressen. Das Gemüse aus dem Ofen in die Pfanne geben und alles vorsichtig vermischen. Anschließend den Spinat hinzufügen und zusammenfallen lassen. Noch einmal durchmischen. Die Pfanne vom Herd nehmen.

Das Gemüse auf Schalen oder Teller verteilen, nach Belieben mit Koriander garnieren und mit Chili schärfen.

YELLOW LENTIL DAL

MIT GRANATAPFELSALAT, GURKENJOGHURT UND MANGOCHUTNEY

Zutaten für 4 Portionen

4 FRÜHLINGSZWIEBELN
1 WALNUSSGR. STÜCK INGWER
2 EL GHEE
1 TL EDELSÜSSES PAPRIKAPULVER
1 EL CURRYPULVER
1 PRISE ZIMTPULVER
1 PRISE CHILIPULVER
2 LIMETTENBLÄTTER
1 EL TOMATENMARK
400 ML KOKOSMILCH
400 ML GEMÜSEBRÜHE
300 G GELBE DAL-LINSEN
SAFT VON 1 LIMETTE
MEERSALZ UND PFEFFER

CHUTNEY
1 MANGO
2 MEDJOOL-DATTELN
1 HASELNUSSGR. STÜCK INGWER
½ ROTE ZWIEBEL
½ TL KORIANDERPULVER
½ TL CURRYPULVER
MEERSALZ UND PFEFFER

Zubereitung

Die Frühlingszwiebeln putzen, waschen und in schmale Ringe schneiden. Den Ingwer dünn schälen und fein reiben. Das Ghee in einer Pfanne erhitzen, Frühlingszwiebeln, Ingwer, Paprikapulver, Currypulver, Zimtpulver, Chilipulver und Limettenblätter dazugeben und bei mittlerer Hitze 3 bis 4 Minuten andünsten.

Das Tomatenmark einrühren, Kokosmilch und Gemüsebrühe angießen und alles gut vermischen. Anschließend die Linsen dazugeben und etwa 20 Minuten garen.

Für das Chutney die Mango schälen, das Fruchtfleisch auf den flachen Seiten vom Stein schneiden und in kleine Würfel schneiden. Die Datteln halbieren, entsteinen und fein hacken. Den Ingwer und die Zwiebel schälen und in feine Würfel schneiden.

In einem kleinen beschichteten Topf 5 EL Wasser erhitzen. Ingwer, Zwiebel und die Gewürze dazugeben und im heißen Wasser etwa 2 Minuten andünsten. Die Mango- und Dattelwürfel mit Rosinen und Essig hinzufügen und alles zugedeckt bei mittlerer Hitze etwa 20 Minuten köcheln lassen. Zwischendurch umrühren und gegebenenfalls etwas mehr Wasser hinzufügen, damit die Mischung nicht anbrennt.

Für den Joghurt die Gurke waschen, nach Belieben schälen, längs halbieren und die Kerne mit einem Teelöffel entfernen. Die Hälften reiben und in einer kleinen Schüssel mit dem Joghurt, Salz und Pfeffer vermischen.

1 PRISE ZIMTPULVER
10 ROSINEN
1 TL APFELESSIG

JOGHURT
½ SALATGURKE
200 G GRIECHISCHER JOGHURT
MEERSALZ UND PFEFFER

SALAT
125 G WILDKRÄUTERSALAT
½ GRANATAPFEL

DRESSING
4 EL OLIVENÖL
1 EL ROTWEINESSIG
SAFT VON ½ LIMETTE
1 EL AHORNSIRUP
MEERSALZ UND PFEFFER

Für den Salat die Wildkräuter verlesen, waschen und trocken schleudern. Die Kerne aus dem Granatapfel auslösen.

Für das Dressing Olivenöl, Rotweinessig, Limettensaft, Ahornsirup sowie je 1 gute Prise Salz und Pfeffer in einem Kännchen mit dem Hand-Milchaufschäumer durchmixen. Den Salat mit dem Dressing und den Granatapfelkernen mischen.

Den Topf mit dem Mangochutney vom Herd nehmen und abkühlen lassen, dann die Mischung in der Mini-Küchenmaschine oder oder im Hochleistungsmixer grob mixen.

Das Lentil Dal mit Limettensaft, Salz und Pfeffer abschmecken und auf Schalen verteilen. Den Wildkräutersalat, das Mangochutney und den Gurkenjoghurt darauf anrichten und servieren.

WINTER BUCKWHEAT BOWL

MIT MISO-TAHINI-DRESSING

Zutaten für 2 Portionen

1 GROSSE ROTE BETE
1 GROSSE SÜSSKARTOFFEL
3 EL BRATOLIVENÖL
½ TL CURRYPULVER
MEERSALZ UND PFEFFER
125 G BUCHWEIZEN
60 G FELDSALAT
3 STIELE DILL
40 G FETA

DRESSING
2 EL WEISSES TAHIN
1 TL HELLE MISOPASTE
40 ML OLIVENÖL
1 EL ZITRONENSAFT
1 TL AHORNSIRUP
MEERSALZ UND PFEFFER

Zubereitung

Den Backofen auf 220 °C Umluft vorheizen. Die Rote Bete und die Süßkartoffel schälen und in etwa 2 cm große Würfel schneiden. Bratöl, Currypulver, ¼ TL Meersalz und Pfeffer in einer kleinen Schüssel verquirlen, Süßkartoffel- und Rote-Bete-Würfel darin marinieren. Die Würfel auf einem mit Backpapier ausgelegten Blech verteilen und im oberen Drittel des Ofens etwa 30 Minuten rösten, bis sie außen goldbraun sind und innen weich.

Inzwischen den Buchweizen in Salzwasser 15 Minuten weich garen, dann in ein Sieb abgießen und mit warmem Wasser abspülen.

Die Zutaten für das Dressing mit 2 EL Wasser in der Mini-Küchenmaschine oder im Hochleistungsmixer cremig mixen. Den Feldsalat verlesen, waschen und trocken schleudern. Den Dill waschen, trocken schütteln und die Spitzen abzupfen. Den Feta mit den Händen fein zerkrümeln.

In einer Schale den Buchweizen, das Ofengemüse und den Salat anrichten. Anschließend Dill, Feta und Dressing darüber verteilen und noch einmal mit Meersalz sowie frisch gemahlenem Pfeffer abschmecken.

SWEETS
&
PASTRIES

ROASTED NUT, YOGURT & BERRY CAKE

GLUTENFREI

Zutaten für 1 Springform mit 26 cm ø

150 G PECANNÜSSE
150 G WALNUSSKERNE
100 G MANDELMEHL
130 G BUTTER
7 EIER
1 ½ TL VANILLEEXTRAKT
200 G KOKOSBLÜTENZUCKER
1 TL MEERSALZ
400 G GRIECHISCHER JOGHURT ODER VEGANE ALTERNATIVE
125 G HIMBEEREN
125 G BLAUBEEREN
1 HANDVOLL ERDBEEREN (IM SOMMER)

Zubereitung

Den Ofen auf 175 °C Ober-/Unterhitze vorheizen. Eine Springform mit Backpapier auslegen. Die Nüsse auf einem mit Backpapier ausgelegten Blech verteilen und im Ofen auf der mittleren Schiene 10 Minuten rösten. Zwischendurch einmal wenden. Die Nüsse abkühlen lassen und im Mixer zu grobem Mehl mahlen. In einer Schüssel mit dem Mandelmehl vermischen.

In einer kleinen Pfanne die Butter bei mittlerer Hitze aufschäumen, bis sie leicht bräunt und nussig riecht. Vom Herd nehmen. (Achtung: Die Butter brennt schnell an. Man darf sie nicht aus den Augen lassen und sollte zwischendurch immer wieder umrühren.) Die Butter durch ein feines Sieb in eine große Schüssel geben und kalt werden lassen. Die Eier trennen. Die Eiweiße in eine große, die Eigelbe in eine kleine Schüssel geben.

Die Eiweiße zu Schnee schlagen. Eigelbe und Vanilleextrakt zur Butter geben, dann Nussmehl, Kokosblütenzucker und Salz untermischen. Ein Drittel des schaumigen Eiweißes einrühren und den Rest des Eischnees vorsichtig unterheben. Den Teig in die Form füllen und die Oberfläche mit einem feuchten Teigschaber oder einem Löffel glatt streichen.

Den Kuchen im Ofen auf der mittleren Schiene 40 Minuten backen. Herausnehmen, abkühlen lassen und den Joghurt darauf verteilen. Die Beeren verlesen, waschen, je nach Größe halbieren oder vierteln, großzügig über den Joghurt streuen und servieren.

COCONUT BLACK RICE PUDDING

VEGAN & GLUTENFREI

Zutaten für 2 große oder 4 kleine Portionen

200 G SCHWARZER REIS
400 ML KOKOSMILCH
MEERSALZ
¼ TL VANILLEEXTRAKT ODER
½ VANILLESCHOTE
¼ TL ZIMTPULVER
1 PRISE KARDAMOMPULVER
1–1 ½ EL AHORNSIRUP

TOPPING
1 MANGO
1 PASSIONSFRUCHT
30 G KOKOSCHIPS
(BEVORZUGT GERÖSTET)

Zubereitung

Reis und Kokosmilch in einen Topf geben und mindestens 10 Minuten quellen lassen. Anschließend 1 Prise Meersalz sowie die Gewürze hinzufügen, alles aufkochen und den Reis bei schwacher Hitze etwa 40 Minuten zugedeckt köcheln lassen. Er ist perfekt, wenn er weich und cremig ist und die Kokosmilch aufgesaugt hat. Zwischendurch immer wieder umrühren, damit er nicht anbrennt. Wenn die Flüssigkeit zu stark verkocht, etwas Wasser hinzufügen. Zum Schluss den Ahornsirup unterheben und den Milchreis vom Herd ziehen.

Die Mango schälen, das Fruchtfleisch auf den flachen Seiten vom Stein schneiden und würfeln. Die Passionsfrucht halbieren und das Fruchtfleisch mit den Kernen mit einem Löffel herauslösen. Den Reis auf Schalen verteilen, mit Mango und Passionsfrucht toppen, mit Kokoschips garnieren und servieren.

CINNAMON SWIRL BANANA BREAD

VEGAN & GLUTENFREI

Zutaten für 1 Kastenform mit 30 cm Länge

1 TL LEINSAMENMEHL ODER GEMAHLENE LEINSAMEN
3 REIFE BANANEN
100 ML AHORNSIRUP
100 ML MANDELDRINK
80 G KOKOSÖL
200 G HAFERMEHL
100 G GEMAHLENE MANDELN
2 TL VANILLEEXTRAKT
2 TL ZIMTPULVER
2 TL BACKPULVER

SWIRL
50 G KOKOSÖL
50 G KOKOSBLÜTENZUCKER
1 EL ZIMTPULVER
70 G PECANNÜSSE

Zubereitung

Den Backofen auf 180 °C Ober-/Unterhitze vorheizen. Das Leinsamenmehl und 5 EL Wasser in einer kleinen Schüssel vermischen und 10 Minuten quellen lassen (sog. Flax Egg, siehe auch Tipp S. 149).

Die Bananen schälen, in einer großen Schüssel mit der Gabel zerdrücken und die weiteren feuchten Zutaten hinzufügen. Das Kokosöl in einem Topf zerlassen und ebenfalls dazugeben. Die trockenen Teigzutaten in einer Schüssel vermischen und langsam unter die feuchten heben, bis eine gleichmäßige Masse entsteht.

Für den Swirl die zweite Portion Kokosöl zerlassen. Kokosblütenzucker und Zimt einrühren. Vom Herd nehmen. Die Nüsse fein hacken und mit der Hälfte der Mischung in einer Schüssel vermengen.

Die Hälfte des Teigs in eine mit Backpapier ausgelegte Kastenform füllen, die Hälfte des Cinnamon Swirls ohne Nüsse auf dem Teig verteilen. Den restlichen Teig darübergeben. Die andere Hälfte des Swirls mit Nüssen auf der Oberfläche verteilen und leicht in den Teig drücken.

Das Brot im Ofen auf der mittleren Schiene 45 Minuten backen. Herausnehmen, aus der Form lösen und auf einem Kuchengitter abkühlen lassen (Abbildung S. 134/135 Mitte).

CHOCOLATE ZUCCHINI LOAF

VEGAN & GLUTENFREI

Zutaten für 1 Kastenform mit 30 cm Länge

100 G HAFERMEHL
100 G GEMAHLENE MANDELN
50 G KAKAOPULVER
2 EL MAISSTÄRKE
1TL BACKPULVER
1 TL NATRON
½ TL MEERSALZ
100 G KOKOSÖL
60 ML KOKOSDRINK ODER MANDELDRINK
150 G KOKOSBLÜTENZUCKER
1 TL VANILLEEXTRAKT
1 TL APFELESSIG
½ TL KAFFEEPULVER
100 G APFELMUS
250 G ZUCCHINI
150 G VEGANE ZARTBITTER-SCHOKOLADENTROPFEN

Zubereitung

Den Backofen auf 175 °C Ober-/Unterhitze vorheizen. Eine Kastenform mit Backpapier auslegen. Das Mehl und die gemahlenen Mandeln mit Kakaopulver, Maisstärke, Backpulver, Natron und Salz in einer Schüssel vermischen.

Das Kokosöl zerlassen und in einer zweiten Schüssel mit Kokos- oder Mandeldrink, Kokosblütenzucker, Vanilleextrakt, Apfelessig, Kaffeepulver und Apfelmus vermischen. Trockene und feuchte Zutaten miteinander vermengen.

Die Zucchini waschen, trocken tupfen und die Enden abschneiden, dann fein reiben und in einem Sieb ausdrücken, um möglichst viel Wasser zu entfernen. Zucchiniraspel und Schokoladentropfen unter den Teig heben.

Den Teig in die Form füllen und im Ofen auf der mittleren Schiene 1 Stunde backen.

Den Kuchen aus dem Ofen nehmen, in der Form abkühlen lassen, mit dem Backpapier herausheben und mindestens 30 Minuten in den Kühlschrank stellen, damit er sich gut schneiden lässt. Anschließend im Kühlschrank aufbewahren. Zum Servieren ganz nach Geschmack zum Beispiel mit Schokoladenraspeln und Beeren garnieren (Abbildung S. 134/135 links).

OLIVE OIL CAKE

GLUTENFREI

Zutaten für 1 Kastenform mit 30 cm Länge

150 G MANDELMEHL
30 G HAFERMEHL
150 G KOKOSBLÜTENZUCKER
½ TL BACKPULVER
½ TL NATRON
¼ TL MEERSALZ
¼ TL GEMAHLENE VANILLE
1 EL MOHNSAMEN
115 ML KOKOSMILCH (FESTER TEIL AUS DER DOSE)
150 ML OLIVENÖL
50 ML ORANGENSAFT
ABGERIEBENE SCHALE VON 1 ZITRONE
2 EIER

MOHN-BIRKENZUCKER-GUSS

350 G BIRKENZUCKER
5 EL ZITRONENSAFT
1 TL MOHNSAMEN

Zubereitung

Den Backofen auf 175 °C Ober-/Unterhitze vorheizen. Jeweils die trockenen und feuchten Zutaten in zwei getrennten Schüsseln vermischen.

Die feuchten Zutaten mit dem Handrührgerät verquirlen, die trockenen Zutaten hinzugeben und alles zu einem cremigen Teig verrühren. Eine Kastenform mit Backpapier auslegen, den Teig einfüllen und im Ofen auf der mittleren Schiene 50 Minuten backen.

Für den Zuckerguss den Birkenzucker im Hochleistungsmixer zu Puderzucker mixen. In eine Schüssel umfüllen und langsam so viel Zitronensaft hinzugeben, bis eine dickflüssige Glasur entsteht.

Den Kuchen aus dem Ofen (nicht ausschalten) nehmen, abkühlen lassen und mit dem Zuckerguss übergießen. Den Mohn auf den noch feuchten Zuckerguss streuen und den Kuchen erst servieren, wenn der Zuckerguss ausgehärtet ist (Abbildung S. 134/135 rechts).

RHUBARB CAKE

VEGAN

Zutaten für 1 Kastenform mit 30 cm Länge

- 125 G KOKOSÖL
- 160 G DINKELMEHL
- 75 G GEMAHLENE MANDELN
- 50 G GEMAHLENE HASELNÜSSE
- 120 G KOKOSBLÜTENZUCKER
- SAFT VON ½ ZITRONE
- 400 G KOKOSJOGHURT
- 150 G MAISSTÄRKE
- 50 ML AHORNSIRUP ODER HONIG
- 300 G RHABARBER

Zubereitung

Den Ofen auf 175 °C Ober-/Unterhitze vorheizen. Das Kokosöl zerlassen und in einer Schüssel mit dem Dinkelmehl, den gemahlenen Nüssen, dem Kokosblütenzucker und dem Zitronensaft zu einem Teig verkneten.

Den Teig so in eine Kastenform drücken, dass der Boden etwa 1 cm hoch von ihm bedeckt ist und auch an den Wänden der Form eine 2 bis 3 cm hohe und etwa 1 cm dicke Teigschicht entsteht (der Boden muss sich nach dem Backen mit Joghurt füllen lassen). Im Ofen auf der mittleren Schiene 12 Minuten backen.

Inzwischen den Kokosjoghurt mit Stärke und Ahornsirup oder Honig mischen. Den Kuchen aus dem Ofen nehmen, abkühlen lassen und die Joghurtmasse daraufgeben. Den Rhabarber schälen, nach Belieben entfädeln, und in Stücke schneiden, die genauso breit sind wie das Innere der Teigschale.

Die Rhabarberstücke quer nebeneinander auf die Joghurtmasse legen. Den Kuchen im Ofen weitere 25 Minuten fertig backen. Auskühlen lassen und im Kühlschrank aufbewahren.

TAHINI BROWNIES

GLUTENFREI

Zutaten für 1 Auflauf-/Brownieform (20 x 20 cm)

150 G WEISSES TAHIN
70 ML AHORNSIRUP
1 TL VANILLEEXTRAKT
70 G KOKOSBLÜTENZUCKER
2 EIER
30 G ROHKAKAOPULVER
1 EL KOKOSMEHL
½ TL NATRON
1 PRISE MEERSALZ
1 HANDVOLL WALNÜSSE ODER MANDELN (NACH BELIEBEN)
50 G VEGANE ZARTBITTER-SCHOKOLADENTROPFEN

TOPPING
WEISSES TAHIN (NACH BELIEBEN)

Zubereitung

Den Backofen auf 175 °C Ober-/Unterhitze vorheizen. In einer Schüssel Tahin, Ahornsirup, Vanilleextrakt, Kokosblütenzucker und Eier verrühren. Anschließend Kakaopulver, Kokosmehl, Natron und Salz unterheben, bis ein relativ fester Teig entsteht.

Nach Belieben die Walnüsse oder Mandeln fein hacken und etwa die Hälfte mit den Schokotropfen unter den Teig mischen.

Eine Auflauf- oder Brownieform mit Backpapier auslegen, den Teig hineingeben und mit einem feuchten Teigschaber die Oberfläche glatt streichen. Nach Belieben die übrige Hälfte der Walnüsse oder Mandeln auf dem Teig verteilen und mit den Fingern leicht hineindrücken.

Den Teig im Ofen auf der mittleren Schiene etwa 20 Minuten backen. Stäbchenprobe machen! Wenn kein Teig mehr am hineingesteckten Holzstäbchen klebt, die Brownies aus dem Ofen holen. Abkühlen lassen, nach Belieben mit Tahin verzieren und in rechteckige oder quadratische Stücke schneiden.

CHOCOLATE CAKE

VEGAN & GLUTENFREI

Zutaten für 1 Springform mit 30 cm ø

100 G VEGANE ZARTBITTER-SCHOKOLADE (KAKAOANTEIL MIND. 50 %)
30 G KOKOSÖL
300 ML MANDELDRINK
300 G MANDELMEHL
35 G ROHKAKAOPULVER
1 ½ TL BACKPULVER
2 EL BIRKENZUCKER
1 PRISE MEERSALZ
190 ML AHORNSIRUP
ÖL FÜR DIE FORM

TOPPING
BIRKENZUCKER ODER ROH-KAKAOPULVER
KOKOSJOGHURT ODER GRIE-CHISCHER JOGHURT (NACH BELIEBEN)
BEEREN NACH SAISON

Zubereitung

Den Backofen auf 180 °C Ober-/Unterhitze vorheizen. Die Schokolade, das Kokosöl und den Mandeldrink in einem Topf langsam erwärmen und gut miteinander verrühren. Mandelmehl, Kakaopulver, Backpulver, Birkenzucker und Salz in einer zweiten Schüssel vermischen.

Den Ahornsirup in die warme Schokoladenmilch einrühren, die gesamte Flüssigkeit aus dem Topf zu den trockenen Zutaten in die Schüssel geben und alles zu einer glatten Creme verrühren.

Eine Springform mit Öl einfetten, den Teig einfüllen und im Ofen auf der mittleren Schiene 16 bis 20 Minuten backen.

Als Topping entweder Birkenzucker im Hochleistungsmixer zu Puderzucker zerkleinern und den Kuchen damit bestäuben oder Kakaopulver auf den Kuchen sieben. Besonders gut schmeckt der Kuchen mit Kokosjoghurt oder griechischem Joghurt und Beeren.

BANANA ICECREAM

VEGAN

Zutaten für 2 Portionen

- 2 GEFRORENE BANANEN
- 4 EL MANDELDRINK
- 1 PRISE ZIMTPULVER
- ½ TL VANILLEEXTRAKT
- 1 MEDJOOL-DATTEL
- 6 WALNUSSKERNE
- 1 PRISE MEERSALZ

Zubereitung

Die Bananen 2 Minuten antauen lassen und mit Mandeldrink, Zimt und Vanilleextrakt im Mixer cremig pürieren, dabei auf niedriger Stufe starten und die Geschwindigkeit langsam erhöhen. Die entsteinte, fein gehackte Dattel mit Walnüssen und Salz kurz mitmixen, sie sollen noch leicht stückig sein.

Die Banana Icecream in Schälchen füllen und sofort servieren. Nach Belieben mit gehackten Walnüssen, Granola, Kokoschips, Mandel- oder Erdnussmus oder Meersalz toppen.

CHOCOLATE MOUSSE

VEGAN

Zutaten für 2 Portionen

- 1 AVOCADO
- 4 EL MANDELMUS
- ¼ TL VANILLEEXTRAKT
- 80 ML AHORNSIRUP
- 30 G ROHKAKAOPULVER
- 60 ML MANDELDRINK
- 1 EL KOKOSÖL
- 1 PRISE MEERSALZFLOCKEN

Zubereitung

Alle Zutaten in der Mini-Küchenmaschine oder im Hochleistungsmixer zu einer cremig-samtigen Mousse mixen.

Die Schokoladenmousse in Gläser oder Tassen füllen und mit Meersalzflocken bestreuen. Da die Mousse sehr sättigend ist, ist eine Espressotasse pro Person meist ausreichend.

Nach Belieben mit frischen oder gefriergetrockneten Beeren sowie Schokoraspeln oder Kakaonibs toppen.

GRILLED SUMMER FRUITS

MIT VEGANER CASHEWCREME

Zutaten für 2 Portionen

2 PFIRSICHE
2 APRIKOSEN
2 FEIGEN
100 ML ORANGENSAFT
2 LORBEERBLÄTTER
1 TL KOKOSÖL
2 EL AHORNSIRUP
¼ TL VANILLEEXTRAKT
2 EL BUCHWEIZEN
10 HIMBEEREN

CREME
60 G CASHEWMUS
2 EL AHORNSIRUP
¼ TL GEMAHLENE VANILLE

Zubereitung

Den Backofen auf 180 °C Umluft vorheizen. Die Pfirsiche und Aprikosen waschen, trocken tupfen, halbieren, entsteinen und in Viertel oder Achtel schneiden. Die Feigen waschen, trocken tupfen und vierteln. In einer Pfanne den Orangensaft, die Lorbeerblätter und die Früchte bei mittlerer Hitze 10 Minuten köcheln lassen.

In der Zwischenzeit das Kokosöl in einem kleinen Topf zusammen mit dem Ahornsirup und der Vanille zerlassen. Den Buchweizen hinzugeben, alles vermischen, etwa 2 Minuten bei mittlerer Hitze anrösten, dann auf einem mit Backpapier ausgelegten Blech verteilen und im Ofen 12 bis 15 Minuten rösten.

Die Zutaten für die Creme mit 60 ml Wasser in der Mini-Küchenmaschine oder im Hochleistungsmixer cremig aufschlagen. Den Buchweizencrunch aus dem Ofen nehmen und abkühlen lassen.

Die Früchte aus der Pfanne nehmen und in einer Schale anrichten. Die Himbeeren verlesen, waschen, trocken tupfen und hinzugeben. Die restliche Flüssigkeit in der Pfanne auf die Hälfte der Menge einkochen. Die Früchte mit dem reduzierten Sud begießen, mit der Cashewcreme beträufeln und mit dem Buchweizencrunch garnieren.

MY FAVOURITE OAT COOKIE

VEGAN & GLUTENFREI

Zutaten für 1 Blech

70 G WALNÜSSE
30 G SONNENBLUMENKERNE
120 G FEINE HAFERFLOCKEN (GLUTENFREI)
270 G BUCHWEIZENMEHL
5 G BACKPULVER
30 KOKOSFLOCKEN
200 G KOKOSBLÜTENZUCKER
200 G KOKOSÖL

Zubereitung

Den Ofen auf 180 °C Ober-/Unterhitze vorheizen. Walnüsse, Sonnenblumenkerne und Haferflocken im Hochleistungsmixer grob mahlen, in eine Schüssel umfüllen und mit dem Buchweizenmehl, dem Backpulver, den Kokosflocken und dem Kokosblütenzucker mischen.

Das Kokosöl in einem Topf zerlassen, zu den trockenen Zutaten in die Schüssel geben und alles mit den Händen zu einem festen Teig verkneten. Wenn der Teig zu trocken ist, langsam bis zu 100 ml heißes Wasser hinzufügen.

Den Teig in walnussgroße Stücke teilen und zu Kugeln formen. Die Kugeln mit Abstand zueinander auf einem mit Backpapier ausgelegten Blech verteilen und mit der Handfläche zu etwa 0,5 cm dünnen Cookies flachdrücken. Die Cookies im Ofen auf der mittleren Schiene etwa 10 Minuten backen, bis die Kanten goldbraun sind. Herausnehmen, auf einem Kuchengitter abkühlen lassen und in einer luftdicht verschlossenen Box aufbewahren (Abbildung S. 150/151 links).

SUPERSEED BREAKFAST COOKIES

VEGAN & GLUTENFREI

Zutaten für 1 Blech

130 G FEINE HAFERFLOCKEN (GLUTENFREI)
30 G MANDELMEHL
60 G SONNENBLUMENKERNE
30 G KÜRBISKERNE
25 G PECANNÜSSE
25 G HELLE SESAMSAMEN
3 EL CHIASAMEN
½ TL ZIMTPULVER
¼ TL MEERSALZ
130 ML AHORNSIRUP
100 G WEISSES TAHIN
½ TL VANILLEEXTRAKT
1 FLAX EGG (SIEHE TIPP)

NACH BELIEBEN
50 G VEGANE ZARTBITTER-SCHOKOLADENTROPFEN
35 G GETROCKNETE CRANBERRYS

Zubereitung

Den Ofen auf 175 °C Ober-/Unterhitze vorheizen. Die trockenen und die feuchten Zutaten in jeweils zwei getrennten Schüsseln vermischen. Anschließend die trockene Mischung zur feuchten geben und alles gründlich miteinander verkneten. Nach Belieben Schokoladentropfen und Cranberrys untermischen.

Den Teig zu golfballgroßen Kugeln formen, mit Abstand zueinander auf einem mit Backpapier ausgelegten Blech verteilen und mit der Handfläche zu etwa 0,5 cm dünnen Cookies flachdrücken. Die Cookies im Ofen auf der mittleren Schiene 10 Minuten backen. Herausnehmen, auf einem Kuchengitter abkühlen lassen und in einer luftdicht verschlossenen Box aufbewahren (Abbildung S. 150/151 rechts).

Tipp

Das Flax Egg eignet sich in vielen Fällen als vegane Ei-Alternative. Dazu 1 EL Leinsamenmehl mit 3 EL warmem Wasser verrühren und etwa 5 Minuten quellen lassen, bis eine gelartige Konsistenz entsteht.

LAURA'S DELI GRANOLA BARS

VEGAN & GLUTENFREI

Zutaten für 1 Silikonform für Müsliriegel

SIGNATURE GRANOLA

200 G HAFERFLOCKEN (GLUTENFREI)
50 G PECANNÜSSE
50 G MANDELN
50 G LEINSAMEN
60 G KÜRBISKERNE
60 G SONNENBLUMENKERNE
35 ML KOKOSÖL
35 ML AHORNSIRUP
40 G ZIMTPULVER

GRANOLA BARS

100 G KOKOSFLOCKEN
400 G SIGNATURE GRANOLA
250 G MANDELMUS
300 G REISSIRUP

Zubereitung

Den Backofen auf 160 °C Umluft vorheizen. Die trockenen Zutaten für das Signature Granola in einer Schüssel vermischen. Das Kokosöl zerlassen und mit den übrigen feuchten Zutaten verrühren. Anschließend mit der trockenen Mischung vermengen.

Die Mischung auf einem mit Backpapier ausgelegten Blech verteilen und im Ofen 25 Minuten rösten, zwischendurch dreimal wenden. Das Blech aus dem Ofen nehmen und das Granola abkühlen lassen.

Für die Granola Bars die Kokosflocken in einer Pfanne kurz anrösten (es funktioniert auch mit ungerösteten Kokosflocken) und mit Signature Granola, Mandelmus und Reissirup vermischen. Die fertige Mischung in Riegelformen füllen, festdrücken und im Kühlschrank etwa 30 Minuten aushärten lassen. Anschließend die Riegel aus der Form nehmen und in einer luftdicht verschlossenen Box im Kühlschrank aufbewahren (Abbildung S. 155 Mitte).

Tipp

Anstelle des Signature Granola könnt ihr die Granola Bars auch mit jedem anderen Müsli zubereiten.

PROTEIN POWER CHOCOLATE BARS

VEGAN & GLUTENFREI

Zutaten für 1 Silikonform für Müsliriegel

RIEGEL

160 G CASHEWMUS

60 ML AHORNSIRUP

2 EL KOKOSÖL

1 TL GEMAHLENE VANILLE

1 PRISE MEERSALZ

70 G GEPUFFTE QUINOA

GLASUR

100 G VEGANE BITTERSCHOKOLADE (KAKAOANTEIL MIND. 70 %)

1 EL CASHEWMUS

1 EL KOKOSÖL

1 PRISE MEERSALZFLOCKEN

Zubereitung

Die feuchten Zutaten für die Riegel in einem Topf erwärmen und vermischen. Vanille und Meersalz hinzugeben, den Topf vom Herd nehmen und die gepuffte Quinoa untermischen.

Die Masse gleichmäßig in einer Riegelform verteilen, dabei etwa 0,5 cm Platz für die Schokoladenglasur freilassen.

Die Zutaten für Glasur in einer Metallschüssel über dem heißen Wasserbad unter Rühren schmelzen und über die Riegel in der Form gießen. Das Meersalz mit den Fingern in kleinen Portionen über die flüssige Schokolade streuen.

Die Riegel im Tiefkühlfach 30 Minuten fest werden lassen, aus der Form nehmen und in einer luftdicht verschlossenen Box im Kühlschrank aufbewahren (Abbildung S. 155 rechts).

SALTED CARAMEL & PEANUT BARS

VEGAN & GLUTENFREI

Zutaten für 1 Kastenform mit 23 cm Länge

10 MEDJOOL-DATTELN
35 G ERDNÜSSE
50 G ERDNUSSMUS
1 TL VANILLEEXTRAKT
15 G GEPUFFTER VOLLKORNREIS
50 G VEGANE BITTERSCHOKOLADE (KAKAOANTEIL MIND. 70 %)
½ TL MEERSALZFLOCKEN

Zubereitung

Eine Kastenform mit Backpapier auslegen. Die Datteln entsteinen und in der Mini-Küchenmaschine oder dem Hochleistungsmixer zerkleinern. Zwischendurch umrühren, falls der Mixer stockt. Die Erdnüsse grob hacken. Erdnussmus, Vanilleextrakt, Erdnüsse und gepufften Reis mit den Datteln vermischen und die Masse in die Kastenform drücken.

Die Schokolade hacken und in einer Metallschüssel über dem heißen Wasserbad unter Rühren schmelzen. Die Erdnussmasse mit der Schokolade begießen. Meersalzflocken aufstreuen und die Form etwa 1 Stunde im Kühlschrank kalt stellen. Anschließend mit dem Backpapier aus der Form heben und in kleine Riegel schneiden (Abbildung S. 105 links).

SUPERSEED CHOCOLATE BARS

VEGAN & GLUTENFREI

Zutaten für 1 Silikonform für Müsliriegel

100 G VEGANE BITTERSCHOKOLADE (KAKAOANTEIL 70–85 %)
60 G FEINE HAFERFLOCKEN (GLUTENFREI)
2 EL CHIASAMEN
2 EL HANFSAMEN
30 G BUCHWEIZEN
15 G GEPUFFTER VOLLKORNREIS
1 EL GEHACKTE SONNENBLUMENKERNE
4 EL DATTELSIRUP

TOPPING
4 EL MANDELMUS
MEERSALZFLOCKEN

Zubereitung

Die Schokolade hacken und in einer Metallschüssel über dem heißen Wasserbad unter Rühren schmelzen.

Die trockenen Zutaten in einer Schüssel vermischen, mit den Händen den Dattelsirup untermischen und die Mischung gut durchkneten.

Die Mischung in Riegelformen füllen, fest andrücken und die geschmolzene Schokolade vorsichtig darübergießen. Für das Topping das Mandelmus in kleinen Tropfen auf der Schokolade verteilen und mit einem Stäbchen oder einer Messerspitze in Schlangenlinien durch die Schokolade ziehen. Anschließend das Meersalz mit den Fingern auf der noch flüssigen Schokolade zerbröseln.

Die Chocolate Bars im Tiefkühlfach etwa 1 Stunde fest werden lassen, aus der Form drücken und in einer luftdicht verschlossenen Box im Kühlschrank bis zu 3 Wochen aufbewahren.

OAT COOKIE ENERGY BALLS

VEGAN & GLUTENFREI

Zutaten für 15–18 Stück

- **80 G HAFERFLOCKEN (GLUTENFREI)**
- **150 G WALNÜSSE**
- **40 G LEINSAMEN**
- **40 G ROSINEN**
- **120 G MANDELMUS**
- **3 EL KOKOSBLÜTENSIRUP ODER DATTELSIRUP**
- **1 TL ZIMTPULVER**
- **½ TL VANILLEEXTRAKT**
- **½ TL MEERSALZ**

Zubereitung

Die Haferflocken, Walnüsse und Leinsamen in der Mini-Küchenmaschine oder im Hochleistungsmixer fein mahlen. Die restlichen Zutaten mit 2 EL heißem Wasser hinzugeben und mixen, bis eine teigartige Masse entsteht.

Für jeden Energy Ball 1 gehäuften TL der Masse zwischen den Handflächen zu einem kleinen Bällchen rollen und im Kühlschrank abgedeckt etwa 1 Stunde fest werden lassen. Die Balls halten sich im Kühlschrank in einer luftdicht verschlossenen Box mehrere Wochen (Abbildung S. 161).

Tipp

Energy Balls sind für Lola und mich der unkomplizierteste Energielieferant für zwischendurch. Sie stecken voller Nährstoffe, schmecken köstlich und stillen jeden Heißhunger auf Süßes ohne schlechtes Gewissen. Außerdem lassen sie sich superschnell zubereiten. Es lohnt sich also, sie in größeren Mengen auf Vorrat zu produzieren.

CHOCOLATE & HAZEL-NUT ENERGY BALLS

VEGAN & GLUTENFREI

Zutaten für 15–18 Stück

175 G MEDJOOL-DATTELN
50 G HAFERFLOCKEN (GLUTENFREI)
100 G HASELNÜSSE
30 G KOKOSÖL
40 G ROHES KAKAOPULVER

TOPPING
25 G HASELNÜSSE ODER VEGANE BITTERSCHOKOLADE (KAKAOANTEIL MIND. 70 %)
MEERSALZFLOCKEN ODER GEFRIERGETROCKNETE BEEREN (NACH BELIEBEN)

Zubereitung

Die Datteln entsteinen, in der Mini-Küchenmaschine oder im Hochleistungsmixer zerkleinern und herausnehmen. Haferflocken und Haselmüsse in den Mixer geben und zu grobem Mehl mixen. Das Kokosöl schmelzen, kurz abkühlen lassen und mit den Datteln sowie 30 ml Wasser zur Mehlmischung in den Mixer geben. Alles zu einer groben Masse, aber nicht zu Mus mixen. Sollte der Mixer stocken, ein wenig mehr Wasser hinzufügen.

Für jeden Energy Ball 1 gehäuften TL der Masse zwischen den Handflächen zu einem kleinen Bällchen rollen und im Kühlschrank abgedeckt 1 Stunde fest werden lassen.

Für das Topping entweder die Haselnüsse fein hacken und die Bällchen darin wälzen oder die Bitterschokolade in einer Metallschüssel über demheißen Wasserbad schmelzen. Die Kugeln auf einen Holzspieß stecken, in die Schokolade tauchen und auf einem Rost abtropfen lassen. Im noch feuchten Zustand nach Belieben mit Meersalzflocken und zerkleinerten gefriergetrockneten Beeren verzieren. Im Kühlschrank in einer luftdicht verschlossenen Box aufbewahren (Abbildung S. 161).

SALTED PEANUT-BUTTER & CHOCOLATE ENERGY BALLS

VEGAN & GLUTENFREI

Zutaten für 15–18 Stück

- 175 G MEDJOOL-DATTELN
- 30 G VEGANE BITTERSCHOKOLADE (KAKAOANTEIL 80–90 %)
- 1 EL CHIASAMEN
- 2 EL ERDNÜSSE
- 100 G HAFERFLOCKEN
- 1 PRISE MEERSALZFLOCKEN
- 3 EL ERDNUSSMUS

Zubereitung

Die Datteln entsteinen, grob hacken und in der Mini-Küchenmaschine oder im Hochleistungsmixer zerkleinern. Die Schokolade ebenfalls grob hacken, mit den anderen Zutaten in Küchenmaschine oder Mixer fein mixen, bis eine grobe Teigmischung, jedoch kein Mus entsteht.

Für jeden Energy Ball 1 gehäuften TL der Masse zwischen den Handflächen zu einem kleinen Bällchen rollen und im Kühlschrank abgedeckt 1 Stunde fest werden lassen.

Die Bällchen nach Belieben mit geschmolzener Bitterschokolade und Meersalzflocken toppen oder pur lassen. Im Kühlschrank in einer luftdicht verschlossenen Box aufbewahren.

BAOBAB CHEESECAKE

VEGAN & GLUTENFREI

Zutaten für 1 Springform mit 18 cm ø

BODEN

180 G CASHEWKERNE
50 G MANDELN
60 G PARANÜSSE
2 EL SONNENBLUMENKERNE
80 G MEDJOOL-DATTELN
1 PRISE MEERSALZ

FÜLLUNG

180 G CASHEWKERNE
1 EL KOKOSÖL
120 ML KOKOSMILCH (FESTER TEIL AUS DER DOSE)
75 ML AHORNSIRUP
SAFT UND ABGERIEBENE SCHALE VON ½ ZITRONE
½ TL VANILLEEXTRAKT
MEERSALZ

GLASUR

90 G BAOBABPULVER
100 G MEDJOOL-DATTELN

TOPPING

125 G HIMBEEREN

Zubereitung

Die Zutaten für den Boden in der Mini-Küchenmaschine oder im Hochleistungsmixer zerkleinern, bis ein krümeliger Teig entsteht, aber noch kleine Nussstückchen zu sehen sind. Den Teig in die Springform geben und mit der Rückseite eines Esslöffels in die Form pressen. Den Boden im Tiefkühlfach 30 Minuten kalt stellen.

Inzwischen für die Füllung die Cashewkerne in einer Schüssel mit kochendem Wasser bedecken und mindestens 30 Minuten, besser noch über Nacht einweichen.

Das Kokosöl schmelzen und mit den anderen Zutaten für die Füllung sowie den abgetropften Cashews 2 bis 3 Minuten im Mixer cremig mixen. Die Springform aus dem Tiefkühlfach nehmen, die Füllung auf dem Boden verteilen und den Kuchen erneut 30 Minuten einfrieren.

Für die Glasur Baobabpulver und 350 ml Wasser in einem kleinen Topf mit dem Schneebesen verrühren und unter Rühren etwa 5 Minuten bei mittlerer Hitze erwärmen, bis eine cremige Masse entsteht. Die Baobabcreme in der Mini-Küchenmaschine oder im Hochleistungsmixer mit den entsteinten Datteln und 2 EL warmem Wasser mixen, bis eine homogene Creme entsteht.

Den Kuchen aus dem Tiefkühlfach nehmen und die Baobaglasur über der Füllung verteilen. Erneut mindestens 1 Stunde ins Tiefkühlfach stellen.

Den Baobab Cheesecake vor dem Servieren 10 bis 15 Minuten antauen lassen und mit den Himbeeren garnieren.

BLUEBERRY CHEESECAKE

VEGAN & GLUTENFREI

Zutaten für 1 Springform mit 18 cm ø

BODEN

100 G FEINE HAFERFLOCKEN (GLUTENFREI)
50 G WALNÜSSE
200 G MEDJOOL-DATTELN
½ TL ZIMTPULVER
1 PRISE MEERSALZ

FÜLLUNG

100 G KOKOSÖL
250 G CASHEWMUS
200 ML KOKOSMILCH (DAVON 180 G FEST UND 20 ML FLÜSSIG)
100 G AHORNSIRUP
SAFT UND ABGERIEBENE SCHALE VON 1 ZITRONE
1 TL VANILLEEXTRAKT

TOPPING

300 G BLAUBEEREN
2 EL AHORNSIRUP
SAFT VON 1 ZITRONE
KOKOSCHIPS (NACH BELIEBEN)

Zubereitung

Eine Springform mit Backpapier auslegen. Für den Boden in der Mini-Küchenmaschine oder im Hochleistungsmixer zuerst die Haferflocken und Walnüsse grob mahlen, dann entsteinte Datteln, Zimt und Salz hinzufügen und durchmixen, bis eine homogene, klebrige Masse entsteht. Den Teig so in die Form drücken, dass er den gesamten Boden bedeckt, glatt streichen. Den Boden im Tiefkühlfach 30 Minuten kalt stellen.

Für die Füllung das Kokosöl zerlassen und mit allen übrigen Zutaten im Mixer zu einer cremigen Masse mixen. Die Springform aus dem Tiefkühlfach nehmen, zwei Drittel der Masse auf dem Teigboden verteilen und und den Kuchen erneut 30 Minuten einfrieren.

Für das Topping die Blaubeeren verlesen, waschen und trocknen. 2 Handvoll Beeren für die Garnitur beiseitelegen. In einem Topf die übrigen Früchte mit dem Ahornsirup und dem Zitronensaft köcheln lassen, bis eine Art Kompott entsteht und die Beeren leicht andicken. Abkühlen lassen, mit dem Rest der Füllung vermischen und als letzte Schicht auf dem Kuchen verteilen. Den Kuchen abdecken und mindestens weitere 2 Stunden im Tiefkühlfach kalt stellen.

Den Blueberry Cheesecake vor dem Servieren etwa 15 Minuten antauen lassen und mit den beiseitegelegten Beeren sowie mit Kokoschips nach Belieben garnieren.

SNACKS & DRINKS

AVOCADO HUMMUS

MIT GURKEN-GRANATAPFEL-SALAT

Zutaten für 1 Schale

110 G KICHERERBSEN (DOSE)
1 AVOCADO
1 EL WEISSES TAHIN
1 EL ZITRONENSAFT
30 ML OLIVENÖL
SAFT VON 1 LIMETTE
1 PRISE CHILIPULVER
MEERSALZ UND PFEFFER

DRESSING
1 EL OLIVENÖL
2 TL GRANATAPFELBALSAMICO
½ TL SUMACH
MEERSALZ UND PFEFFER

SALAT
1 ROTE PAPRIKASCHOTE
½ SALATGURKE
½ GRANATAPFEL
3 STIELE PETERSILIE

TOPPING
1 PRISE SUMACH
EINIGE TROPFEN OLIVENÖL
MEERSALZ UND PFEFFER

Zubereitung

Die Kichererbsen in ein Sieb abgießen, abspülen und abtropfen lassen, dann mit den übrigen Zutaten für den Hummus im Hochleistungsmixer cremig mixen. Falls der Hummus zu fest ist, etwas Wasser dazugeben.

Die Zutaten für das Dressing in einem Kännchen mit dem Hand-Milchaufschäumer gründlich durchmixen.

Für den Salat Paprika und Gurke längs halbieren, entkernen, waschen und in Würfel schneiden. Die Kerne aus dem Granatapfel auslösen. Die Petersilie waschen und trocken schütteln. Die Blätter abzupfen und fein schneiden. Alles mit dem Dressing vermischen.

Den Hummus in eine Schale füllen, den Salat rundherum anrichten und mit Sumach bestreuen, mit Olivenöl beträufeln und noch einmal mit Salz und Pfeffer würzen (Abbildung S. 171 rechts).

My favourite way to serve

Der Hummus schmeckt besonders gut zum Oat & Seed Bread von Seite 35 in Kombination mit den Pickled Onions (siehe S. 183) und lässt sich von den Superseed Crackern auf Seite 170 am besten dippen.

ROASTED CARROT HUMMUS

MIT DUKKAH

Zutaten für 1 Schale

5 KAROTTEN
2 EL BRATOLIVENÖL
¼ TL MEERSALZ
½ TL KREUZKÜMMELPULVER
¼ TL SUMACH
½ ROTE CHILISCHOTE (NACH BELIEBEN)
200 G KICHERERBSEN (DOSE)
2 EL WEISSES TAHIN
3 EL OLIVENÖL
2 GETROCKNETE TOMATEN IN ÖL
MEERSALZ UND PFEFFER

TOPPING

2 STIELE KORIANDER
1 EL DUKKAH (SIEHE S. 177)
1 PRISE CHILIFLOCKEN
1 PRISE SUMACH
1 SCHUSS OLIVENÖL

Zubereitung

Den Backofen auf 200 °C Umluft vorheizen. Die Karotten waschen, schälen, der Länge nach halbieren, in Stücke schneiden und in einer Schüssel mit Bratöl, Salz, Kreuzkümmel und Sumach vermischen. Die Mischung in einer ofenfesten Form oder auf einem mit Backpapier ausgelegten Blech verteilen und im Ofen auf der mittleren Schiene 30 Minuten rösten.

Die Chili waschen und entkernen. Die Kichererbsen in ein Sieb abgießen, abspülen und abtropfen lassen. Chili und Kichererbsen mit den restlichen Zutaten sowie 4 EL Wasser im Hochleistungsmixer cremig mixen. Die Karotten aus dem Ofen nehmen, abkühlen lassen, in den Mixer geben und alles nochmals cremig mixen, bis ein weicher Hummus entsteht.

Für das Topping den Koriander waschen, trocken schütteln und die Blätter abzupfen. Den Hummus auf einem Teller anrichten, mit Dukkah, Korianderblättchen, Chiliflocken, Sumach und Olivenöl dekorieren. Dazu passen Superseed Cracker (siehe S. 170), getoastets Brot oder rohes Gemüse (Abbildung S. 171 Mitte).

GLUTEN FREE SUPERSEED CRACKER

Zutaten für 1 Blech

60 G SONNENBLUMENKERNE
70 G KÜRBISKERNE
75 G SESAMSAMEN
40 G CHIASAMEN
20 G LEINSAMEN
½ TL MEERSALZ
¼ TL GETROCKNETER ROSMARIN
1 PRISE CHILIFLOCKEN
1 EL OLIVENÖL

Zubereitung

Alle Zutaten in einer Schüssel vermischen, 250 ml Wasser dazugeben und die Mischung 30 Minuten quellen lassen.

Den Backofen auf 175 °C Ober-/Unterhitze vorheizen. Ein Blech mit Backpapier auslegen, die Mischung zu einem Ball formen und in der Mitte des Blechs platzieren. Einen zweiten Bogen Backpapier auflegen und die Masse zwischen dem Backpapier mit einer Küchenrolle oder den Händen so lange glatt streichen, bis sie hauchdünn auf dem Blech verteilt ist, ohne dass zwischen den Kernen Löcher entstehen.

Das obere Backpapier vorsichtig abziehen und die Masse im Ofen auf der mittleren Schiene 20 Minuten backen.

Das Blech aus dem Ofen nehmen, das zweite Backpapier wieder über die Mischung legen und das Ganze zwischen den beiden Bögen wenden. Erneut das obere Backpapier abnehmen und die Mischung von der anderen Seite im Ofen ebenfalls 20 Minuten backen. Abkühlen lassen und in große Stücke brechen. In einer luftdicht verschlossenen Box aufbewahren.

Tipp

Für mehr Biss kann man zusätzlich 80 g glutenfreie Haferflocken und 1 weiteren EL Olivenöl dazugeben.

ROASTED TOMATOES & WHIPPED FETA

Zutaten für 4 Portionen

20 COCKTAILTOMATEN
4 ZWEIGE THYMIAN
1 ZWEIG ROSMARIN
2 ZWEIGE OREGANO
½ TL MEERSALZFLOCKEN
PFEFFER
50 ML BRATOLIVENÖL

WHIPPED FETA
180 G FETA
30 ML OLIVENÖL
50 G GRIECHISCHER JOGHURT ODER SCHAFSJOGHURT
MEERSALZ UND PFEFFER

TOPPING
3 EL SAVOURY GRANOLA (SIEHE S. 181)
1 EL OLIVENÖL

Zubereitung

Den Backofen auf 190 °C Umluft vorheizen. Die Tomaten waschen und trocken tupfen. Die Kräuter waschen, trocken schütteln, Blättchen beziehungsweise Nadeln abzupfen und nach Belieben hacken.

Tomaten und Kräuter mit Salz, Pfeffer und Bratöl in einer kleinen ofenfesten Auflaufform gründlich vermischen und im Ofen auf der mittleren Schiene 30 Minuten rösten.

Die Zutaten für den Feta mit 30 ml Wasser in der Mini-Küchenmaschine oder im Hochleistungsmixer auf kleiner Stufe mixen, bis eine fluffig-cremige Konsistenz entsteht.

Den Feta in eine Schale geben, die Tomaten aus dem Ofen darauf verteilen, mit Savoury Granola bestreuen und mit Olivenöl beträufeln.

BEET CHIPS

Zutaten für 1 kleine Schale

1 EL BRATOLIVENÖL
1 MITTELGROSSE ROTE BETE
1 ZWEIG ROSMARIN
1 ZWEIG THYMIAN
1 EL OLIVENÖL
MEERSALZ

Zubereitung

Den Backofen auf 150 °C Umluft vorheizen. Ein Backblech mit Backpapier auslegen und dünn mit etwas Bratöl bepinseln. Die Rote Bete schälen und in hauchdünne Scheiben schneiden. Die Kräuter waschen, trocken schütteln und Nadeln beziehungsweise Blättchen abzupfen. In einer Schüssel die Rote Bete mit Kräutern, Öl und Salz vermischen.

Die marinierte Rote Bete auf dem Backblech verteilen und im Ofen auf der mittleren Schiene etwa 5 Minuten rösten. Herausnehmen, abkühlen lassen und servieren.

CABBAGE CHIPS

Zutaten für 1 kleine Schale

250 G WIRSING
MEERSALZ
4 EL BRATOLIVENÖL
½ TL EDELSÜSSES PAPRIKAPULVER
¼ TL KURKUMAPULVER

Zubereitung

Den Backofen auf 175 °C Umluft vorheizen. Die Wirsingblätter vom Strunk lösen und der Länge nach halbieren. In kochendem Salzwasser 2 Minuten blanchieren, mit kaltem Wasser abschrecken und trocken tupfen.

½ TL Salz in einer großen Schüssel mit Öl, Paprika- und Kurkumapulver vermischen, die Wirsingblätter dazugeben und die Marinade mit den Händen gründlich in die Blätter einmassieren.

Ein Blech mit Backpapier auslegen, den Wirsing darauf verteilen und im Ofen auf der mittleren Schiene 5 Minuten knusprig rösten. Herausnehmen, abkühlen lassen und servieren.

CRISPY LENTILS

Zutaten für 4 Portionen

150 G PUY-LINSEN
¼ TL EDELSÜSSES PAPRIKAPULVER
¼ TL ROSENSCHARFES PAPRIKAPULVER
¼ TL MEERSALZ
1 TL ABGERIEBENE ORANGENSCHALE
4 EL OLIVENÖL

Zubereitung

Die Linsen in einem Sieb waschen und nach Packungsanleitung in kochendem Wasser etwa 25 Minuten weich garen. Abgießen, abtropfen lassen und auf einem Küchenhandtuch sehr sorgfältig ausdrücken.

Den Backofen auf 190 °C Umluft vorheizen. Die übrigen Zutaten in einer Schüssel vermischen und die ausgedrückten Linsen unter die Marinade rühren. Ein Blech mit Backpapier auslegen und die Linsen darauf verteilen. Im Ofen auf der mittleren Schiene 12 Minuten rösten, zwischendurch wenden. Abkühlen lassen und in einer luftdichten Box oder einem Glas mit Schraubdeckel aufbewahren.

DUKKAH

Zutaten für 400 g

JE 100 G MANDELN, HASELNÜSSE, PECANNÜSSE
100 G SCHWARZE SESAMSAMEN
1 EL KORIANDERSAMEN
1 EL KREUZKÜMMELSAMEN
½ EL FENCHELSAMEN
½ TL KURKUMAPULVER
2 TL MEERSALZ
PFEFFER
1 PRISE CHILIFLOCKEN

Zubereitung

Den Ofen auf 160 °C Umluft vorheizen. Die Nüsse und den Sesam auf einem Blech verteilen und im Ofen 4 Minuten rösten. Wenden und weitere 4 Minuten rösten.

Inzwischen Koriander-, Kreuzkümmel- und Fenchelsamen in einer kleinen Pfanne bei mittlerer Hitze etwa 4 Minuten rösten, bis sie anfangen zu duften. In einen Mörser umfüllen und zerstoßen. Die Nüsse aus dem Ofen nehmen, abkühlen lassen und mit den gerösteten Gewürzen sowie Kurkuma, Meersalz sowie je 1 Prise Pfeffer und Chili in der Mini-Küchenmaschine grob zerkleinern. In einer luftdichten Box oder einem Glas mit Schraubdeckel aufbewahren.

CRISPY BUCKWHEAT

Zutaten für 4 Portionen

2 EL OLIVENÖL
2 EL AHORNSIRUP
1 TL KOKOS-AMINOS ODER SOJASAUCE
1 TL MEERSALZFLOCKEN
1 PRISE CHILIFLOCKEN
80 G BUCHWEIZEN

Zubereitung

Den Backofen auf 180 °C Umluft vorheizen. Die flüssigen Zutaten und die Gewürze in einer Schüssel gut vermischen, den Buchweizen hinzufügen und mit der Marinade verrühren.

Die Mischung auf einem mit Backpapier ausgelegten Blech verteilen und im Ofen auf der mittleren Schiene 10 Minuten rösten. In einer luftdichten Box oder einem Glas mit Schraubdeckel aufbewahren.

PISTACHIO DUKKAH

Zutaten für 150 g

100 G UNGESALZENE GESCHÄLTE PISTAZIEN
3 EL SESAMSAMEN
1 EL KREUZKÜMMELSAMEN
1 EL KORIANDERSAMEN
1 EL FENCHELSAMEN
1 TL MEERSALZ
¼ TL CHILIFLOCKEN

Zubereitung

Die Pistazien klein hacken und in einer kleinen Pfanne unter Rühren etwa 10 Minuten rösten. Herausnehmenm und beiseitestellen. Die restlichen Gewürze ebenfalls 5 bis 10 Minuten rösten, bis sie anfangen zu duften.

Die Gewürze aus der Pfanne nehmen, kurz abkühlen lassen und in einem Mörser oder mit der Rückseite eines Löffels zerdrücken. Pistazien und Gewürze mischen und in einer luftdichten Box oder einem Glas mit Schraubdeckel aufbewahren.

NUSS- & GETREIDEFREIES

COCONUT GRANOLA

Zutaten für 1 Blech

- 1 EL KOKOSÖL
- 60 ML AHORNSIRUP
- 30 ML ORANGENSAFT
- 135 G KOKOSFLOCKEN
- 20 G HANFSAMEN
- 25 G CHIASAMEN
- ¼ TL MEERSALZ
- ¼ TL ZIMTPULVER
- 1 PRISE INGWERPULVER
- 1 EL ABGERIEBENE ORANGENSCHALE

Zubereitung

Den Backofen auf 175 °C Umluft vorheizen. Das Kokosöl in einem kleinen Topf zerlassen. Die feuchten Zutaten und die trockenen Zutaten erst separat und dann miteinander vermischen.

Ein Blech mit Backpapier auslegen, das Granola darauf verteilen und im Ofen auf der mittleren Schiene 10 Minuten rösten. Wenden und kurz weiterrösten, bis es goldbraun, aber nicht zu dunkel ist.

Das Granola aus dem Ofen nehmen und abkühlen lassen. In einer luftdichten Box oder einem Glas mit Schraubdeckel aufbewahren.

PICKLED ONIONS
NUT FREE GRANOLA
COCONUT, ALMOND
NUT BUTTER

GAME CHANGING SAVOURY GRANOLA

Zutaten für 1 Blech

3 ZWEIGE ROSMARIN
5 ZWEIGE THYMIAN
5 GETROCKNETE TOMATEN IN OLIVENÖL
100 G HAFERFLOCKEN
60 G KÜRBISKERNE
160 G BUCHWEIZEN
30 G SESAMSAMEN
50 G SONNENBLUMENKERNE
¾ TL FENCHELSAMEN
1 TL MEERSALZ
1 TL HONIG
30 ML OLIVENÖL
½ TL HARISSA ODER MILDES CHILIPULVER

Zubereitung

Den Backofen auf 175 °C Umluft vorheizen. Rosmarin und Thymian waschen und trocken schütteln. Nadeln beziehungsweise Blättchen von den Zweigen abzupfen und fein schneiden. Die getrockneten Tomaten auf Küchenpapier abtropfen lassen und fein hacken. Alle Zutaten für das Granola in einer Schüssel gründlich vermischen.

Ein Blech mit Backpapier auslegen, das Granola darauf verteilen und im Ofen auf der mittleren Schiene etwa 25 Minuten rösten. Nach der Hälfte der Zeit wenden und ab jetzt darauf achten, dass es nicht zu dunkel wird. Auskühlen lassen und in einer luftdichten Box oder einem Glas mit Schraubverschluss bis zu 2 Monate aufbewahren.

My favourite way to serve

Dieses herzhafte Granola macht einfach ALLES besser! Ich benutze es fast täglich als Topping für Salate, Suppen und geröstetes Gemüse.

ROASTED NUT BUTTER

MIT CASHEW, KOKOS & MANDEL

Zutaten für 280 g

50 G KOKOSCHIPS
130 G CASHEWKERNE
100 G MANDELBLÄTTCHEN
1 TL VANILLEEXTRAKT
¼ TL ZIMTPULVER
MEERSALZ

Zubereitung

Den Backofen auf 180 °C Umluft vorheizen. Kokoschips, Cashewkerne und Mandelblättchen auf einem mit Backpapier ausgelegten Blech verteilen und im Ofen etwa 10 Minuten rösten. Zwischendurch wenden und darauf achten, dass die Zutaten nicht zu dunkel werden.

Die gerösteten Nüsse direkt aus dem Ofen warm in die Mini-Küchenmaschine oder den Hochleistungsmixer geben. Vanille, Zimt und 1 gute Prise Meersalz hinzufügen und alles etwa 5 Minuten zu cremiger Nussbutter mixen. Falls der Mixer stockt oder die Nussmischung am Rand kleben bleibt, die Masse mit einem Kochlöffelstiel lockern.

Die Butter in einem verschlossenen Glas im Kühlschrank aufbewahren und als Topping auf Obst, Müsli oder Brot genießen.

My favourite way to serve

Diese Nussbutter ist für mich die BESTE Nussbutter der Welt! Sie schmeckt besonders gut auf Pfirsichen, Äpfeln oder Beerenobst, eignet sich aber auch supergut als Topping für Porridge, Müsli und Co. Sie ist ein Proteinbooster für den Smoothie, ihr könnt sie aber auch ganz einfach aufs Brot streichen und mit Konfitüre toppen.

PICKLED ONIONS

Zutaten für 1 kleines Glas

- **1 GROSSE ROTE ZWIEBEL**
- **1 TL KORIANDERSAMEN**
- **1 TL SENFSAMEN**
- **1 TL KREUZKÜMMELSAMEN**
- **1 TL PFEFFERKÖRNER**
- **1 LORBEERBLATT**
- **250 ML APFELESSIG**
- **125 ML NATURTRÜBER APFELSAFT**
- **1 TL MEERSALZ**

Zubereitung

Die Zwiebel schälen und in feine Ringe schneiden. Koriandersamen, Senfsamen, Kreuzkümmelsamen und Pfefferkörner im Mörser zerstoßen, mit den übrigen Zutaten und den Zwiebelringen in ein Einmachglas geben und vermischen.

Im Kühlschrank mindestens 1 Stunde ziehen lassen und anschließend dort aufbewahren. Die gepickelten Zwiebeln passen zum Beispiel zu den Wraps auf Seite 94.

My favourite way to serve

Pickled Onions halten sich im Kühlschrank aufbewahrt eine kleine Ewigkeit. Ich habe sie immer als Geheimwaffe für Salate, Sandwiches und Tacos zur Hand.

MOON MILK

Zutaten für 1 Portion

250 ML MANDELDRINK
¼ TL KURKUMAPULVER
½ TL ASHWAGANDHAPULVER (NACH BELIEBEN)
¼ TL VANILLEEXTRAKT
1 PRISE ZIMTPULVER
1 PRISE PFEFFER
1–2 TL MANUKAHONIG

Zubereitung

Mandeldrink, Kurkuma, Ashwagandhapulver nach Belieben, Vanilleextrakt, Zimtpulver und Pfeffer im Hochleistungsmixer cremig mixen.

Die Mischung in einen Topf umfüllen und bei schwacher Hitze langsam erwärmen. Den Topf vom Herd ziehen und die Milch mit dem Honig verfeinern.

MAGIC HOT CHOCOLATE

Zutaten für 1 Portion

250 ML UNGESÜSSTER HAFERDRINK
1 TL ROHKAKAOPULVER
1 PRISE ZIMTPULVER
1 PRISE MEERSALZ
1 MEDJOOL-DATTEL
¼ TL KOKOSBLÜTENNEKTAR
1 TL MANDELMUS
½ TL REISHIPULVER (OPTIONAL)

Zubereitung

Haferdrink, Kakao- und Zimtpulver, Salz, entsteinte Dattel, Kokosblütennektar, Mandelmus und Reishipulver nach Belieben im Hochleistungsmixer cremig mixen.

Die Mischung in einen Topf umfüllen und die Schokolade bei schwacher Hitze langsam erwärmen.

CHERRY & CHOCOLATE SMOOTHIE

Zutaten für 1 Portion

- 60 G GEFRORENE KIRSCHEN
- 1 HANDVOLL BLATTSPINAT
- 1 EL MANDELMUS
- ½ TL ROHKAKAOPULVER
- 1 EL CHIASAMEN
- 250 ML MANDEL- ODER HAFERDRINK

Zubereitung

Kirschen, Spinat, Mandelmus, Kakaopulver, Chiasamen und Mandel- oder Haferdrink in den Mixer geben und cremig mixen.

GOLDEN MORNING SMOOTHIE

Zutaten für 1 Portion

- 1 WALNUSSGR. STÜCK INGWER
- 60 G GEFRORENE MANGO
- ½ GEFRORENE BANANE
- 200 ML TRINK-KOKOSMILCH
- SAFT VON ½ ZITRONE
- ¼ TL KURKUMAPULVER
- 1 PRISE PFEFFER

Zubereitung

Den Ingwer schälen und fein würfeln, dann mit allen übrigen Zutaten in den Hochleistungsmixer geben und cremig mixen.

CLEANSING GREENS SMOOTHIE

Zutaten für 1 Portion

¼ SALATGURKE
1 APFEL
1 HASELNUSSGR. STÜCK INGWER
1 HANDVOLL BLATTSPINAT
3 STIELE KORIANDER
200 G GEFRORENE MANGO
100 ML KOKOSWASSER
SAFT VON ½ ZITRONE

EXTRA DETOX-BOOST:
½ TL SPIRULINAPULVER ODER
½ TL CHLORELLAPULVER

Zubereitung

Gurke und Apfel waschen. Den Apfel entkernen, den Ingwer schälen und beides mit der Gurke in Stücke schneiden. Spinat und Koriander waschen und trocken schütteln.

Vorbereitete Zutaten mit den übrigen Zutaten im Hochleistungsmixer cremig mixen.

POWER SMOOTHIE

Zutaten für 1 Portion

50 G BLAUBEEREN
1 HANDVOLL GRÜNKOHL ODER BLATTSPINAT
1 KLEINE GEFRORENE BANANE
250 ML MANDELDRINK
1 EL CHIASAMEN
1 EL LEINSAMEN
1 TL HANFSAMEN
1 TL MANDELMUS

EXTRA PROTEIN-BOOST:
1 EL PFLANZLICHES PROTEINPULVER

Zubereitung

Die Blaubeeren verlesen, waschen und trocken tupfen. Den Grünkohl putzen, waschen und trocknen.

Blaubeeren, Kohl und alle übrigen Zutaten im Hochleistungsmixer cremig mixen.

IT TAKES A VILLAGE ...

TO MAKE A COOKBOOK!

Ohne euch wäre dieses Buch nicht machbar gewesen und vor allem nicht so besonders geworden, wie es ist.

Ich danke von Herzen:

Dem ZS-Verlag, vor allem Jürgen Brandt, bei dem ich meiner Kreativität freien Lauf lassen durfte und der mir immer wieder Aufschub gewährt hat, weil mein Leben rund um das Buch nicht immer so reibungslos lief wie geplant. Rebecca und Uli, die mich redaktionell unterstützt und vieles möglich gemacht haben, was ich mir gewünscht habe. Jan für das professionelle Producing. Geela dafür, dass das Buch grafisch so viel mehr als nur ein Kochbuch werden konnte.

Nancy Ebert, die mich, meinen Alltag, mein Zuhause und meine Gerichte mit ihren einzigartigen Fotos genauso natürlich und authentisch eingefangen hat, wie ich es mir erhofft hatte, und die mit ihrer Kamera und ihrer zauberhaften Assistentin Johanna einfach alles zum Strahlen bringt.

Max Faber, der meinen Rezepten mit seinem individuellen, kreativen und höchst professionellen Foodstyling zum wiederholten Mal mehr Leben eingehaucht hat, als ich es jemals für möglich gehalten hätte, und mit seinem Bruder und Assistenten Felix Torno jeden Tag für die lustigste und positivste Stimmung am Set gesorgt hat.

Meiner langjährigen Freundin und Kollegin Diana Avrutina, die ihr ganzes Herzblut in das Backen und Styling der Sweets gesteckt hat und mit ihrer warmherzigen Art immer eine Bereicherung für jedes meiner Projekte ist.

Doriana und Veronika, die mir in den letzten Jahren bei der Rezeptentwicklung, endlosen Testrunden, Bergen von Einkäufen und schmutzigem Geschirr treu und geduldig zur Seite gestanden haben.

Meinem Team von *Laura's Deli*, das mich bis zum Verkauf im Dezember 2022 tatkräftig bei der Ideenfindung und Rezeptentwicklung unterstützt hat, mir aber vor allem in Düsseldorf den Rücken freigehalten hat, damit ich dieses Buch parallel zum Tagesgeschäft im Deli überhaupt umsetzen konnte.

Meinen Gästen über die letzten acht Jahre in *Laura's Deli*, die mich mit ihrem herzlichen Feedback und ihrer Begeisterung für das, was ich tue, jeden Tag davon überzeugt haben, dass der unkonventionelle Weg, den ich gegangen bin, genau der Richtige für mich war und dass gutes, gesundes Essen tatsächlich glücklich macht.

Apropos – The Concept Store für die Unterstützung beim Styling und die herzliche langjährige Zusammenarbeit.

Meiner Schwester, meiner Mutter, meinem Vater und meiner Schwiegermutter, die stets an mich geglaubt haben, mich motiviert haben weiterzumachen, auch wenn es für mich unschaffbar schien, und mich aufgefangen haben, wenn alles zu viel wurde.

Meinen Freundinnen Amei, Anna, Brita, Lilith und Marie-Sophie, die mir in jeder Lebenslage zur Seite stehen, sich jahrelang meine Ängste und Sorgen bezüglich Deadlines, Erfolg und Machbarkeit dieses Projekts angehört haben und über diesen langen Zeitraum hinweg immer einen guten Rat hatten.

Lola und Jan, meinem Ein und Alles. Danke, dass ihr immer da wart, immer geduldig wart, mit mir gekocht, gegessen, probiert, diskutiert habt und mit mir durch Höhen und Tiefen gegangen seid. Es gibt nichts Schöneres für mich, als für euch zu kochen und euch gesund und glücklich zu sehen!

JOSEPH DIRAND
JOSEPH DIRAND Interior
Freunde von Freunden – FRIENDS OF FRIEND

REGISTER

A

Avocado

- Avocado Hummus mit Gurken-Granatapfel-Salat 168
- Avocado Mayo 61
- Beetroot, Orange & Avocado Salad mit krossem Lachs und Dukkah 68
- Cashew Chicken mit gebratenem Reis und Avocado-Tomaten-Salsa 87
- Cauliflower Wraps 94
- Chocolate Mousse 145
- Citrus Salad mit Feta und Pistazien 41
- Grilled Prawn Salad Wraps 57
- Kale Benedict mit Avocado-Hollandaise 30
- Mango Salad 42
- Mexican Avocado Salad 47
- Potato Fritters mit Roter Bete, Avocado & Lachs 107
- Roasted Cabbage mit Salsa Verde 108
- Salmon Tacos mit Mangosalsa 96
- Vegan Bean Chili mit Avocado-Tomaten-Salat & Thymianöl 118

B

Banana Icecream 145

Banane

- Banana Icecream 145
- Cinnamon Swirl Banana Bread 132
- Golden Morning Smoothie 187
- Power Smoothie 188

Baobab Cheesecake 162

Bean Salad, Cannellini 59

Beeren

- Baobab Cheesecake 162
- Blueberry Cheesecake 164
- Chocolate & Hazelnut Energy Balls 159
- Chocolate Cake 142
- Grilled Summer Fruits mit veganer Cashewcreme 146
- Power Smoothie 188
- Roasted Nut, Yoghurt & Berry Cake 128

Beet Chips 175

Beetroot, Orange & Avocado Salad mit krossem Lachs und Dukkah 68

Best Chicken Soup mit Kräuterpesto 83

Birchermuesli, vegans & glutenfreies 22

Blueberry Cheesecake 164

Blumenkohl

- Cauliflower Soup 74
- Cauliflower Wraps 94
- Roasted Cauliflower 112

Borscht mit Meerettichjoghurt 80

Brokkoli

- Green fried Rice & Salmon Bowl 99
- Magic Green Pasta 100
- Poached Eggs auf geröstetem Brokkolini mit Kräutersalsa 33

Buchweizen

- Buckwheat, Cashew & Cinnamon Granola mit Zimtpflaumen 27
- Crispy Buckwheat 178
- Game Changing Savoury Granola 181
- Grilled Summer Fruits mit Cashewcreme 146
- My favourite Oat Cookie 148
- Superseed Chocolate Bars 157
- Winter Buckwheat Bowl 124

Buckwheat, Cashew & Cinnamon
Granola mit Zimtpflaumen 27
Burrata
Grilled Peaches & Burrata 50

C

Cabbage Chips 175
Caesar Salad mit Kichererbsen-Croutons
und Scampi 54
Cannellini Bean Salad 59
Cashewkerne
Baobab Cheesecake 162
Cashew Chicken mit gebratenem
Reis und Avocado-Tomaten-Salsa 87
Roasted Cauliflower mit Tomaten-
Cashew-Sauce 112
Roasted Nut Butter mit Cashew,
Kokos & Mandel 182
Watermelon Salad 43
Cauliflower Soup 74
Cauliflower Wraps 94
Cherry & Chocolate Smoothie 187
Cheesecake, Baobab 162
Chicken Piccata mit smashed
Chimichurri Potatoes 88
Chicory, Chicken & Orange Salad 64
Chocolate Cake 142
Chocolate Mousse 145
Chocolate Zucchini Loaf 133
Choloate & Hazelnut Energy Balls 159
Cinnamon Swirl Banana Bread 132
Citrus Salad mit Feta und Pistazien 41
Cleansing Greens Smoothie 188
Coconut Black Rice Pudding 131
Creamy Brown Rice Porridge 24
Crispy Buckwheat 178
Crispy Lentils 176
Crunchy Brussels Sprouts mit
Cashewsauce 111

D/E

Dukkah 177
Easy Summer Pasta 101

F

Feta
Citrus Salad mit Feta und Pistazien 41
Easy Summer Pasta 101
Roasted Tomatoes & Whipped Feta 172
Watermelon Salad 43
Winter Buckwheat Bowl mit
Miso-Tahini-Dressing 124

G

Game Changing Savoury Granola 181
Garnelen
Caesar Salad mit Kichererbsen-Croutons
und Scampi 54
Grilled Prawn Salad Wraps 57
Nectarine & Watermelon Salad 48
Gluten free Oat & Seed Bread 35
Gluten free Ricotta Pancakes 36
Gluten free Superseed Cracker 170
Golden Morning Smoothie 187
Granatapfel
Avocado Hummus mit Gurken-
Granatapfel-Salat 168
Cannellini Bean Salad 59
Cauliflower Soup 74
Coconut Black Rice Pudding 131
Miso Pumpkin & Lentil Bowl 103
Pomegranate Vinaigrette 60
Warm Winter Salad 71
Yellow Lentil Dahl mit Granatapfelsalat,
Gurkenjoghurt und Mangochutney 122
Granola
Banana Icecream 145
Buckwheat, Cashew & Cinammon
Granola mit Zimtpflaumen 27

Cauliflower Soup 74
Game Changing Savoury Granola 181
Kale Benedict mit Avocao-Hollandaise 30
Laura's Deli Granola Bars 152
Nuss- & getreidefreies Coconut Granola 179
Roasted Beets mit Joghurt 63
Roasted Tomatoes & whipped Feta 172
Green fried Rice & Salmon Bowl 99
Green Potato Salad 59
Green Tomato Salad mit Mozzarella, Melone & Parmaschinken 45
Grilled Peaches & Burrata 50
Grilled Prawn Salad Wraps mit Erdnusssauce 57
Grilled Salmon mit gerösteter Roter Bete & Orangen auf Meerettichjoghurt 116
Grilled Summer Fruits mit veganer Cashewcreme 146

Grünkohl

Kale Benedict mit Avocado-Hollandaise 30
Power Smoothie 188
Warm Winter Salad 71

H

Haferflocken

Blueberry Cheesecake 164
Buckwheat, Cashew & Cinnamon Granola 27
Chocolate & Hazelnut Energy Balls 159
Game Changing Savoury Granola 181
Gluten free Oat & Seed Bread 35
Laura's Deli Granola Bars 152
My favourite Oat Cookie 148
Porridge mit Rhabarber & Orange 23
Salted Peanutbutter & Chocolate Energy Balls 160
Superseed Breakfast Cookies 149
Superseed Chocolate Bars 157
Veganes & glutenfreies Birchermüsli 22
Herb Dressing 60

K/L

Kale Benedict mit Avocado-Hollandaise 30

Karotten

Borscht mit Meerettichjoghurt 80
Pink Betroot Soup mit Kokosmilch 79
Roasted Carrot Hummus mit Dukkah 169
Roasted Roots mit Pistazien-Dukkah 115
Vegan Bean Chili mit Avocado-Tomaten-Salat & Thymianöl 118

Kartoffeln

Borscht mit Meerettichjoghurt 80
Chicken Piccata mit Smashed Chimichurri Potatoes 88
Green Potato Salad 59
Potato Fritters mit Roter Bete, Avocado & Lachs 107

Kichererbsen

Avocado Hummus mit Gurken-Granatapfel-Salat 168
Caesar Salad mit Kichererbsen-Croutons und Scampi 54
Roasted Carrot Hummus mit Dukkah 169

Kürbis

Miso Pumpkin & Lentil Bowl 103
Warm Winter Salad 71
Yellow Pumpkin Soup mit geröstetem Salbei & Pinienkernen 78

Lachs

Beetroot, Orange & Avocado Salad mit krossem Lachs und Dukkah 68
Green fried Rice & Salmon Bowl 99
Grilled Salmon mit gerösteter Roter Bete & Orangen auf Meerettichjoghurt 116
Salmon Tacos mit Mangosalsa 96
Laura's Deli Granola Bars 152

Linsen
- Crispy Lentils 176
- Miso Pumpkin & Lentil Bowl 103
- Poached Eggs on grilled Asparagus mit grüner Kräutersauce 91
- Roasted Pepper Soup 75
- Yellow Lentil Dahl mit Granatapfelsalat, Gurkenjoghurt und Mangochutney 122

M/N

Magic green Pasta 100
Magic Hot Chocolate 185
Mango
- Coconut Black Rice Pudding 131
- Golden Morning Smoothie 187
- Mango Salad 42
- Salmon Tacos mit Mangosalsa 96
- Yellow Lentil Dahl mit Granatapfelsalat, Gurkenjoghurt und Mangochutney 122

Mexican Avocado Salad 47
My favourite Oat Cookie 148
Nectarine & Watermelon Salad 48
Nuss- & getreidefreies Coconut Granola 179

O/P

Oat Cookie Energy Balls 158
Olive Oil Cake 136
Orange
- Beetroot, Orange & Avocado Salad 68
- Chicory, Chicken & Orange Salad 64
- Orange Ginger Dressing 61
- Orangenvinaigrette 115
- Porridge mit Rhabarber & Orange 23
- Roasted Beets mit Joghurt 63
- Roasted Roots mit Pistazien-Dukkah 115
- Veganes & glutenfreies Birchermüsli 22

Pancakes, gluten free Ricotta 36
Pfirsich
- Grilled Peaches & Burrata 50
- Grilled Summer Fruits mit veganer Cashewcreme 146

Pickled Onions 183
Pink Beetroot Soup mit Kokosmilch 79
Pistachio Dukkah 178
Poached Eggs auf geröstetem Brokkolini mit Kräutersalsa 33
Poached Eggs on grilled Asparagus mit grüner Kräutersauce 91
Poached Eggs on Peas 93
Pomegranate Vinaigrette 60
Porridge
- Porridge mit Rhabarber & Orange 23
- Cream Brown Rice Porridge mit Zimt, Ingwer & Honigäpfeln 24

Potato Fritters mit Roter Bete, Avocado & Lachs 107
Potato Salad, green 59
Power Smoothie 188
Protein Power Chocolate Bars 153

R

Radicchio mit Ricotta, Orangen & karamellisierten Pecannüssen 67
Reis
- Best Chicken Soup mit Kräuterpesto 83
- Cashew Chicken mit gebratenem Reis und Avocado-Tomaten-Salsa 87
- Coconut Black Rice Pudding 131
- Creamy Brown Rice Porridge 24
- Green Fried Rice & Salmon Bowl 99
- Salted Caramel & Peanut Bars 154
- Superseed Chocolate Bars 157

Rhabarber
- Porridge mit Rhabarber & Orange 23
- Rhubarb Cake 138

Roasted Beets mit Joghurt 63
Roasted Cabbage mit Salsa Verde 108
Roasted Carrot Hummus mit Dukkah 169

Roasted Cauliflower mit Tomaten-Cashew-Sauce 112
Roasted Nut Butter mit Cashew, Kokos & Mandel 182
Roasted Nut, Yoghurt & Berry Cake 128
Roasted Pepper Soup 75
Roasted Roots mit Pistazien-Dukkah 115
Roasted Tomatoes & whipped Feta 172
Rosenkohl
Crunchy Brussels Sprouts mit Cashewsauce 111
Rote Bete
Beet Chips 175
Grilled Salmon mit gerösteter Roter Bete & Orangen auf Meerettich-joghurt 116
Potato Fritters mit Roter Bete, Avocado & Lachs 107
Roasted Beets mit Joghurt 63
Roasted Roots mit Pistazien-Dukkah 115
Winter Buckwheat Bowl mit Miso-Tahini-Dressing 124

S

Salmon Tacos mit Mangosalsa 96
Salted Caramel & Peanut Bars 154
Salted Peanutbutter & Chocolate Energy Balls 160
Sesame Miso Dressing 61
Superseed Breakfast Cookies 149
Superseed Chocolate Bars 157
Süsskartoffel
Cauliflower Soup 74
Roasted Roots mit Pistazien-Dukkah 115
Vegan Bean Chili mit Avocao-Tomaten-Salat & Thymianöl 118
Veggie Curry 121
Winter Buckwheat Bowl mit Miso-Tahini-Dressing 124
Yellow Pumpkin Soup mit geröstetem Salbei & Pinienkernen 78

T

Tahini Brownies 141
Tomaten
Cannellini Bean Salad 59
Cashew Chicken mit gebratenem Reis und Avocado-Tomaten-Salsa 87
Easy Summer Pasta 101
Game Changing Savoury Granola 181
Green Tomato Salad mit Mozzarella, Melone & Parmaschinken 45
Roasted Carrot Hummus mit Dukkah 169
Roasted Cauliflower mit Tomaten-Cashew-Sauce 112
Roasted Pepper Soup 75
Roasted Tomatoes & whipped Feta 172
Vegan Bean Chili mit Avocado-Salat & Thymianöl 118
Tomato Salad mit Mozzarella, Melone & Parmaschinken, green 45

V/W/Y/Z

Vegan Bean Chili mit Avocado-Tomaten-Salat & Thymianöl 118
Veganes & glutenfreies Birchermüsli 22
Veggie Curry 121
Warm Winter Salad 71
Watermelon Salad 43
Winter Buckheat Bowl mit Miso-Tahini-Dressing 124
Yellow Lentil Dahl mit Granatapfelsalat, Gurkenjoghurt und Mangochutney 122
Yellow Pumpkin Soup mit geröstetem Salbei & Pinienkernen 78
Zucchini Loaf, chocolate 133

ZUR AUTORIN

Laura Koerver gründete 2015 das Restaurant und die Health Food Brand „Laura's Deli" und brachte das Thema ‚Clean Eating' damit als eine der Ersten nach Deutschland. Nach dem Studium der Publizistik- und Kommunikationswissenschaft sowie einer beruflichen Laufbahn in der Marketing- und Modebranche zog es sie nach New York und London, um sich dort von der modernen Health Food Szene inspirieren zu lassen und einen neuen Weg einzuschlagen. Ein gesunder Lifestyle ohne Dogmen und Verzicht, mit Fokus auf Genuss und vielfältigen, nährstoffreichen Zutaten sind seitdem ihre Leidenschaft und waren bereits Inhalt ihres ersten Kochbuchs „Kiss The Cook". Seit dem Verkauf ihres Restaurantkonzepts Ende 2022 widmet sich Laura neben kleineren Foodprojekten ganz dem Schreiben von Kochbüchern und ihrer Tochter Lola.

IMPRESSUM

Hinter jedem tollen Buch steckt ein starkes Team

Projektleitung: *Rebecca Angerer, Ulrike Kraus*
Texte & Rezepte: *Laura Isenhöfer*
Covergestaltung: *Kathi Fesl*
Grafisches Konzept und grafische Gestaltung:
Geela Eden Kommunikationsdesign
Satz: *Geela Eden und Laura Stange*
Fotografie: *Nancy Ebert*
Foodstyling: *Max Faber*
Foodassistenz: *Felix Torno, Diana Avrutina*
Herstellung: *Frank Jansen*
Producing: *Jan Russok*
Druck & Bindung: *optimal GmbH, Röbel*

2. Auflage 2023

Kaiserstraße 14 b
D-80801 München
ISBN: 978-3-96584-311-0

HINWEIS

Die Ratschläge in diesem Buch wurden mit größter Sorgfalt von Autorin und Verlag erarbeitet und geprüft. Eine Garantie kann jedoch nicht übernommen werden. Ebenso ist eine Haftung der Autorin bzw. des Verlags und seiner Beauftragten für Personen-, Sach- oder Vermögensschäden ausgeschlossen. Erkrankungen mit ernstem Hintergrund gehören in ärztliche Behandlung! Bei bereits bestehenden Beschwerden kann das Buch daher keinen fachärztlichen Rat ersetzen.

FOOD FOTOS

Im Buch enthaltene Fotos können zur eigenen Nutzung erworben werden unter ***www.stockfood.de***

LIEBE LESERINNEN, LIEBE LESER,

wie schön, dass Sie ein Buch von ZS in den Händen halten. „Jetzt leben!“ ist das Motto unseres Verlages. Es steht für Genuss und Inspiration, Unterstützung und Motivation. Ob Kulinarik oder Fitness, Gesundheit oder Lebenshilfe – seit über 30 Jahren bieten wir kompetente Ratgeber für (fast) alle Lebenslagen. Wir lieben Tradition genauso wie Innovation – sie treiben uns an. Unsere Autorinnen und Autoren sind Menschen, die zu ihrem Thema wirklich etwas zu sagen und zu schreiben haben. Unsere Produkte sind erzählerisch, appetitmachend und als gedruckte Bücher haptisch echte Erlebnisse. Für Sie mit ganz viel Liebe gemacht! Entdecken Sie mehr aus unserer wunderbaren Welt!

UNSER VERLAGSHAUS

Mit Standorten in München, Hamburg und Berlin zählt die Edel Verlagsgruppe zu den größten unabhängigen Buchanbietern Deutschlands. Zur Edel Verlagsgruppe gehört unter anderem ZS mit seinen Lizenzmarken Dr. Oetker Verlag, Kochen & Genießen und Phaidon by ZS.

ZS - Ein Verlag der Edel Verlagsgruppe
www.zsverlag.de
www.facebook.com/zsverlag
www.instagram.com/zsverlag

FÜR DIE UMWELT

ZS unterstützt bei der Produktion dieses Buches das Projekt „Junge Riesen für die nächsten 100 Jahre“ im Naturpark Nossentiner/Schwinzer Heide. Damit wird ein Anteil der unvermeidbaren CO_2-Emissionen im direkten Umfeld des Produktionsstandortes kompensiert.

PARTNER
Naturpark
Nossentiner / Schwinzer Heide
www.optimal-media.com/naturschutzprojekt-001

NEWSLETTER

Was koche ich heute Feines? Und wie geht das – schmackhaft und gesund?

Melden Sie sich jetzt zum ZS-Genuss-Service an und verpassen Sie keine kulinarischen und gesundheitlichen Trends mehr.
Wir informieren Sie regelmäßig über unsere Neuerscheinungen, Aktionen oder Gewinnspiele und verraten Ihnen unsere Lieblingsrezepte!

GEWINNEN

Unter allen Neuabonnierenden verlosen wir jeden Monat eine *ZS-Genuss-Box* im Wert von 75,00 €.

Jetzt anmelden unter:
www.zsverlag.de/newsletter
oder den QR Code scannen:

ANMELDEN!

AUSTRALIAN FOOD
BILL GRANGER
GJELINA
donna hay
MODERN BAKING
a modern way to cook
MEZCLA
VEGAN
gather
OTTOLENGHI
SALT
FAT
ACID
HEAT
Samin Nosrat
DUKKAH
GOLDEN MOON MILK
DRY CONTAINER